「不安」は悪いことじゃない

脳科学と人文学が教える「こころの処方箋」

宗教学者
島薗 進

脳神経科学者
伊藤浩志

イースト・プレス

「不安」は悪いことじゃない

脳科学と人文学が教える「こころの処方箋」

はじめに

「仕事がきつく先々が不安で、ときどき眠れない」
「新しい環境での娘の表情が暗くて、今後が不安だ」
「これからの経済の変化で、いまの仕事でやっていけるか不安だ」
「治療法の説明を受けたが、医者の言うやり方でよいか分からず不安だ」
「いつか死ぬと考えると不安だが、その考えから逃げられない」
「他者の気持ちが分からず、不安で外に出ていけない」

ストレスが重なるとこうした不安に押しつぶされ、身動きがとれなくなってくることがあります。うつ病にもつながります。青少年や若者から高齢者まで多くの人々が不安の病に苦しんでいます。医療などでは、薬で「不安を抑える」のが解決法だといった考えも広がっています。しかし、不安は抑えたり、取り除いたりしなくてはならないものなのでしょうか。

不安の要因は山ほどあります。時間が解決してくれるものも多いでしょう。しっかり情報を集めれば不安を克服できる場合もあります。考え方を切り替えることで落ち着きを得ることもできるかもしれません。しかし、なかなか解決しない不安もあります。不安がない方がよいですが、不安と付き合って生きていかなければならないのも確かです。

ここでは放射線被ばくの不安という一つの例を取り上げて考えていきましょう。放射線被ばくの不安はいまも生々しい現実ですし、それをめぐって現代的な不安の問題が集約的に現れているように思われるからです。放射線被ばくの不安という事柄を通して、リスク社会とか「安全・安心」といった聞き慣れた言葉と不安との関わりもよく見えてくるように思えます。現代社会らしい不安のあり方について考えを深めていけるでしょう。

二〇一一年三月の原発事故による放射能被害がどれほど生じるのかは、まだよく分かりません。よく調査し分かった範囲のことを住民に知らせていく必要があります。それが適切になされているのか、疑問をもつ人も多いです。過去の公害事件でも政府や加害企業等の側は、被害を過小評価したり、原因を別のことに求めたりする傾向がありました。分かりやすい例は水俣病ですが、ほかにもいくつも例があります。そうした過去は簡単に忘れられません。

今回の原発事故の放射能被害はまだ明確ではないのですが、広範囲の地域住民が強制避難させられた経験は生々しく記憶されています。いまも数万人の避難者がいるとされます。何年間も簡単には入れない地域が広がっていて、そうでない地域でも線量計で放射能の線量を測りつつ行動せざるをえないのです。こんな状況で放射線被ばくに「不安をもつな」というのは無理ではないでしょうか。

不安と付き合いながら暮らしていくしかないと感じている人は少なくありません。実際、調査ではそう報告されていることを本書の第6章でふれています。ところが多くの住民は「不安を口にできない」といいます。「不安が被害を起こす」という考えがいつしか浸透しているかのようです。

『週刊女性』二〇一八年五月一日号には、吉田千亜さんによる「子どもたちが語る「原発事故」の真実」という記事が掲載されています。そこには福島から関西に避難した一九歳の土屋玲奈さん（仮名）の次のような言葉が引かれています。

震災当時、福島県中通りの中学生だった。避難して、仕事を続ける父親と離れて暮らすことになり毎日、泣いて過ごした。

「原発事故のことは、ＳＮＳでは発信できるけれど、普段は聞かれなければ言わない」

放射線の影響を心配していても、口に出しにくい。

「これは私のように避難している人も、できなかった人も、しないと選んだ人も、福島に帰った人も同じだと思う」

「不安」が敵役にされているようです。他方、「安全・安心」という言葉はとてもよく聞きます。確かに「安全・安心」にしようと努めるのはよいことですが、「不安」を排除しなくてはならないと考えるのはどうでしょうか。これは放射線の健康影響への不安だけにあてはまることではありません。リスクに関わることに広くあてはまります。そして、そもそも自由に生きていくことの全体に関わることではないでしょうか。

不安には大事な働きがあります。「必要以上の不安」を避けるのは確かに良いことです。しかし、そもそも「必要以上の不安」という言葉は「不安が必要である」ことも認めていますね。では、どういう意味で不安は必要なのでしょう。この本では、このことを脳科学の方面と思想史的な方面の双方から考えていきます。

最初の三章では、伊藤さんに現代脳科学の観点から不安について論じていただき、それに続く三章で私が哲学・思想史・文学、また「社会と心理」といった方面から不安について論じています。そして最後の対談で、それぞれの考え方をつきあわせようとしています。科学と思想の両側面からの「不安をめぐる対話」の試みです。複眼的な不安論を通して、不安との付き合い方をともに考えていただければ幸いです。

島薗進

「不安」は悪いことじゃない……………［目　次］

第2章

現代社会の「不安」——伊藤浩志

第3章

進化する脳 ―― 伊藤浩志

第4章 不安・自由・個人――島薗 進

第5章 不安を遠ざける社会――島薗 進

第6章

不安が社会を脅かすという専門家

島薗 進

第7章 「不安をめぐる対話」島薗進×伊藤浩志

第1章

「不安」とは何か

伊藤浩志

1 不安を科学する

感情的になると理性が働かなくなるって本当？

感情的になるのはよくない——親や学校の先生から感情を抑えるように教育された方は多いことでしょう。

多くの方は、なんとなく、感情的になるのは動物的な劣った人間のすることで、人の人たるゆえんは理性にあると考えているのではないでしょうか。確かに、チンパンジーなど霊長類の中で、高度な認知機能を担っているとされる大脳新皮質が最も大きいのは人類です（Dunbar, 1993）。人類は地球上で最も理性的な生き物である、と胸を張りたいところです。

しかし、ここに落とし穴があります。感情の基盤になっている身体の反応、「情動」反応で中心的な役割を果たしている大脳辺縁系という脳部位も、霊長類の中で人類が最も大きいのです（Barger N et al., 2014）。考えていただきたいのは、ともに人類で高度に発達している感情と理性という二つの脳機能のうち、理性がもてはやされるのは、なぜかということです。筆者が専門にしている脳神経科学の研究も、大脳新皮質を中心に行われてきました。

感情と理性の二分法はあまりに当たり前すぎて、いまさら疑ってみようとは思わないかもしれません。安全・安心という言い方も一般的ですね。安全は科学の問題で、一方の不安感は心の問題。いたずらに感情的にならないで、理性的に考えましょうというわけです。このように考えられるようになったのは、社会全体で「どの程度のリスクなら許せるのか」という安全基準を決める場合、不安のような感情はとらえどころがなく、議論の対象になりにくかったからでしょう。

なるほど、不安を感じるといっても、自分の感じている不安を的確に言葉にすることは難しいものです。ましてや、他人の感じている不安が、自分と同じかどうかを確かめようにも、**これまでは**確かめようがありませんでした。このようなことから、社会全体で安全基準を決めるためには、リスクにある程度の客観性を与えることが必要で、そのためには科学的な分析に基づいた理性的な判断が有効だと考えられてきました。このため、遺伝子組み換え食品の安全性の問題にしろ、東京電力・福島第一原子力発電所事故後の放射線による健康影響にしろ、いくら不安を訴えても、理性中心主義者からは、「正しい科学知識がないから理性的な判断ができずに、必要以上に不安になるんですよ」と思われてしまい、せいぜい心理カウンセリングの対象にされてしまうのが関の山で、公の席で不安を口にしにくくなっている、というのが現状ではないでしょうか[*1]。

感情と理性を対立させて、理性の働きに高い価値を認め、感情を、理性をかき乱す厄介者と見なす思考法は、学術界だけでなく、広く一般社会にまで浸透していると言えるでしょう。

しかし、このような思考法は近年、少なくとも研究者の間では、確実に、そして急速に変わってきています。理由は二つあります。

理由の一つは、技術革新にあります。先ほど、他人の感じている不安が、自分と同じかどうかを確かめようにも、**これまでは**確かめようがありませんでした、とお話ししましたが、いまでは確かめられます。生きた人間の脳活動を外から観察できるポジトロンエミッション断層撮影法（PET）、機能的磁気共鳴画像法（fMRI）の開発により、絵を見たり、文字を読んだり、考えたりしているとき、脳のどの部位の活動が活発になるかを確かめられるようになったのです。

たとえば、恋人の男性が痛い思いをしているとき、そばで見ている彼女が自分の痛みとして感じているかどうかを確認できるようになりました。自分自身が痛い思いをしているとき活性化する脳の部位が、恋人が痛い思いをしているときにも活性化するかどうかで判断できるのです。活性化していれば、彼女が恋人の痛みに共感して、同じように痛みを感じていることが分かります。また、別の実験では、同じ痛み刺激でも人によって異なる不快感の程度を、脳の特定の部位の活性化の仕方で客観化できることも分かりました。不安の質と量をある程度、客観化できるようになったのです。

二つ目の理由は、これらの技術革新にともなって、脳神経科学の研究が飛躍的に進歩したことです。驚いたことに、事故や病気で脳にダメージを受け、不安を感じることができなくなってしまった人は、理性的な能力が正常でも、合理的な判断ができなくなることが明らかになりました。一九九〇年代のことです。「感情的になると理性が働かなくなる」という見方は、偏見に満ちた一面的な見方に過ぎなかったのです。このようなことから、二一世紀に入ってからは、それまでの感情と理性に分けて理性の働きを重視する理性中心主義から一転して、感情や直観がものごとを判断するときに果たす役割や、感情と理性がお互いどのように影響し合っているのかが注目されるようになったのです。

そして、感情は理性を脅かす厄介者ではないこと、非合理に見えても、見方を変えると、感情には生物学的合理性がある場合が多いことが分かってきました。

第1章では、感情（正確には情動）の働きを重視する二一世紀のこうした研究の流れを振り返ってみます。そして、現代の最先端の脳神経科学の分野で、「不安」がどのように捉えられているのかを紹介したいと思います。

帰ってきたフィニアス・ゲージ

一九九四年、のちに脳神経科学だけでなく、心理学、経済学、倫理学、哲学など、幅広い分野に影響を与えることになる重要な論文が、世界トップレベルの科学雑誌『サイエンス』に発表されました。[*2]

論文のタイトルは、「帰ってきたフィニアス・ゲージ：有名な患者の頭蓋骨から得られた脳についての手がかり」（筆者訳）です。論文の三ページ目に、いまでは脳神経科学の教科書には必ずと言っていいほど登場するフィニアス・ゲージという人物の脳と頭蓋骨が、コンピューターグラフィックスで描かれています。脳と頭蓋骨には、左目の下辺りから右斜め上方の前頭葉にかけて、棒が突き刺さっています（図1）。

論文を発表したダマシオらの研究チームは、ハーバード大学博物館に保存されていたゲージの頭蓋骨をあらゆる角度から写真におさめ、コンピューター画面上に彼の頭蓋骨を三次元的に再構築しました。この論文の業績は、その頭蓋骨にピッタリ収まりそうな脳の大きさを割り出した上で、頭蓋骨の破損具合や、鉄棒の形や大きさ、脳損傷についての記録から、コンピューター画面上でシミュレーションを行い、串刺しにされダメージを受けた脳の部位を特定したことにあります。このことが、今日の脳神経科学の研究に決定的に重要なインパクトを与えたのです。その学術的な成果を説明する前に、ゲージの数奇な半生を振り返ってみましょう。

論文が発表される一五〇年前の一八四八年九月、アメリカ北東部ニューイングランドの鉄道建設現場で現場監督をしていたゲージは、硬い岩盤を爆破するため穴に爆薬を詰めていました。暑い夏の日の午後四時半ころのことです。部下に火薬を砂で覆うよう命じた直後、後ろからの声に気を取られ、まだ部下が穴に砂を注いでいないのに、勘違いしたゲージは砂を穴に詰め込もうと鉄棒でじかに火薬を叩いてしまいました。鉄棒が岩に当たり火花が火薬に

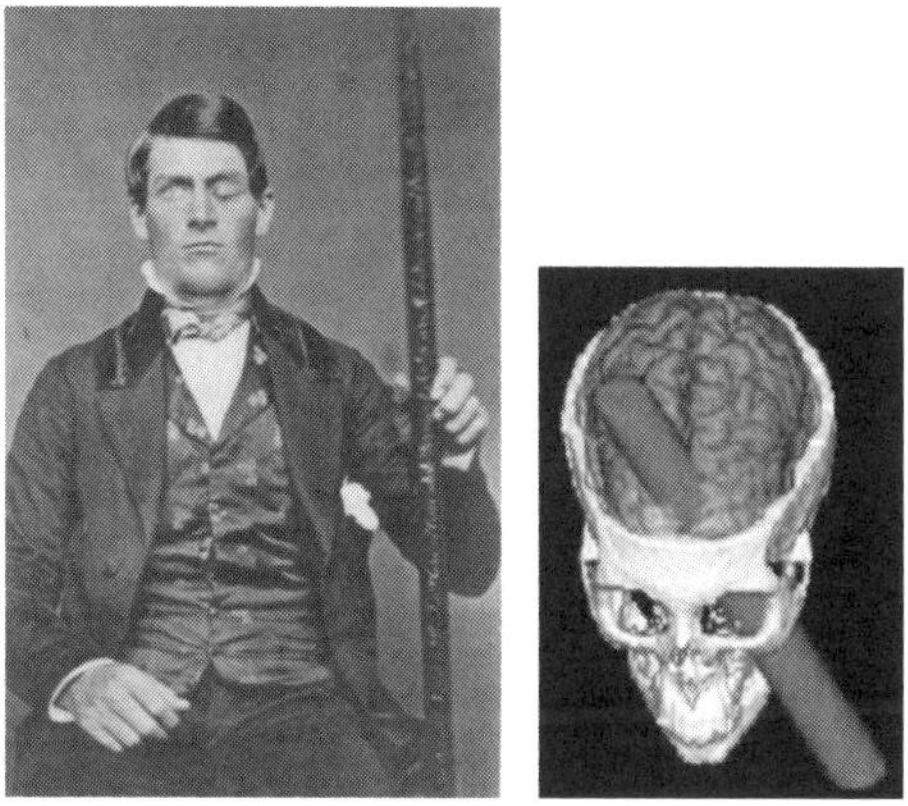

●図1　左は、自分の頭部を貫通した鉄棒を手にしたフィニアス・ゲージ。右は、鉄棒がゲージの脳を貫通したときの様子を再現した画像。アメリカNINDSによる。ゲージを襲ったこの事故が、「情動」の脳神経科学を飛躍的に進歩させた

引火、火柱とともに長さ一メートル、直径三センチ、重さ六キロの鉄棒がゲージの顔めがけて飛んできました。鉄棒は、ゲージの左目の下から突き刺さり、右斜め上方の前頭葉を貫通し、頭蓋骨を高速で突き抜け、三〇メートル先に落下しました。

信じられないことに、部下に抱えられ牛車まで運ばれたゲージは、背筋を伸ばして荷車に座り、ホテルに到着すると、自ら牛車を降り、長い階段を自分で歩いて登り、ホテルの中に入って行きました。

爆発から一時間後、医師が頭部の傷を診ている間、ゲージは爆発したときの様子を周囲の人に話して聞かせていたといいます。頭部の穴は直径九センチ以上あり、頭の頂上からその穴に人差し指を根元まで突っ込むことができ、ほほ側の穴からも上方に指を差し込む

ことができたほどの穴が開いていたというのに、です。話しぶりはとても理性的だったそうです。数週間にわたり、ゲージはひどい感染症に悩まされましたが、驚くべきことに、一カ月後にはベッドから起き上がり、町を歩き回れるようになり、二カ月足らずのうちに完治してしまいました。

怪我から回復したゲージは、一つのことを除いては正常に見えました。注意、知覚、記憶、言語、知性は、「完全無欠」だったそうです。一つのこととは、人格が豹変してしまったことです。事故前のゲージは、そつがなく、頭の切れる仕事人であり、非常に精力的で、あらゆる計画を忍耐強く遂行する人物と評されていました。

ところが、事故後のゲージは、治療を行ったハーロウ医師によると、気まぐれで、無礼で、以前にそんな習慣はなかったのにときおりひどく下品な言葉を吐き、同僚たちにはほとんど敬意を払わず、自分の願望に反する束縛や忠告にいらだち、ときおりどうしようもないほど頑固になったかと思うと、移り気で、優柔不断で、先の作業をいろいろ計画するが、段取りするやいなや、やめてしまう人物になっていました。友人、知人は彼をゲージと思えなくなってしまい、「ゲージはもはやゲージではない」と悲しげにつぶやいたと言います。ゲージが職場復帰しようとしたとき、会社は彼の性格の変わりようがあまりにも著しいので、再び雇おうとはしませんでした。

職と居住地を転々としたゲージは事故から一二年後、三八歳の若さでサンフランシスコで病死しました。検死解剖は行われませんでした。五年経ってからゲージの死を知ったハーロウ医師の懇願で、ゲージの頭蓋骨は墓から掘り起こされ、遺体の脇にあった砂たたきの鉄棒とともに、ボストンのハーバード大学博物館に展示されることになりました。そして一五〇年後、ゲージは科学論文として蘇ったのです。

感情がないと理性は働かなくなる

ゲージの人格はなぜ劇的に変わってしまったのでしょうか。ポイントは、人格が変わるだけで、理性的能力はまったく正常だということです。その秘密は、言うまでもなく脳の損傷箇所にあります。

前頭前皮質腹内側部——ここが、コンピューター上で行われた爆発事故の再現実験で明らかになった損傷箇所です(図2)。前頭前皮質のうち、認知機能に関係する背外側部は無傷でした。事故によるダメージが前頭前皮質のうち腹内側部に限られていたことが、人格だけが豹変し、理性的能力が損なわれなかった原因だったのです。裏を返せば、ゲージの人格の変化は、腹内側部が担っている脳機能が何かを物語っているということです。

現在では、多くの腹内側部損傷患者の観察から、共通の特徴があることが分かっています。彼らは通常、ゲージのように知能や知覚能力、運動能力に問題はありません。しかし、一様に注意力を欠いていて、計画を実行することができません。たとえば、一人旅ができないのです。目的地がどこでも、最初にやってきたバスや電車に飛び乗ってしまいます。レストランで給仕することもできません。一度にいくつもの注文を受けると、対応できなくなってしまうからです。買い物に出かけると、たまたま出会った友人と喫茶店に行き、何時間もおしゃべりを楽しみ、外出の目的をすっかり忘れてしまいます。レストランを選ぼうとすると、車でレストランを一軒ずつ訪れて、メニューや座席の配置、店の雰囲気を慎重に比較するので、選ぶだけで何時間もかかってしまいます。優柔不断が、彼らの日常的な悩みごとの一つになります。感情は平坦で、何ごとにも無関心です。他人への感情は鈍感です。

患者の症状をまとめると、次のようになります。腹内側部が損傷すると、①将来の計画を立てる能力、②社会のルールに従って行動する能力、③自分にとって安全か危険かを見分ける能力――が失われてしまいます。ひと言で言えば、「意思決定能力の障害」です。

前頭前皮質の腹内側部は、社会生活を営む上で、とても大切な役割を担っていることが分かりました。注目していただきたいのが、損傷患者はみな、感情が平坦なことです。理性的な能力は正常なのに、感情がなくなると、合理的な意思決定ができずに社会生活が営めなくなってしまうのです。このことを証明したアイオワ・ギャンブリング課題という有名な実験をこれから紹介したいのですが、その前に、感情と情動について、脳神経科学の見方を説明しておきます。これまで特に感情と情動を区別せずにひとまとめにして感情と言ってきましたが、専門用語では意味が異なります。感情と情動の脳神経科学的な意味を説明し、これか

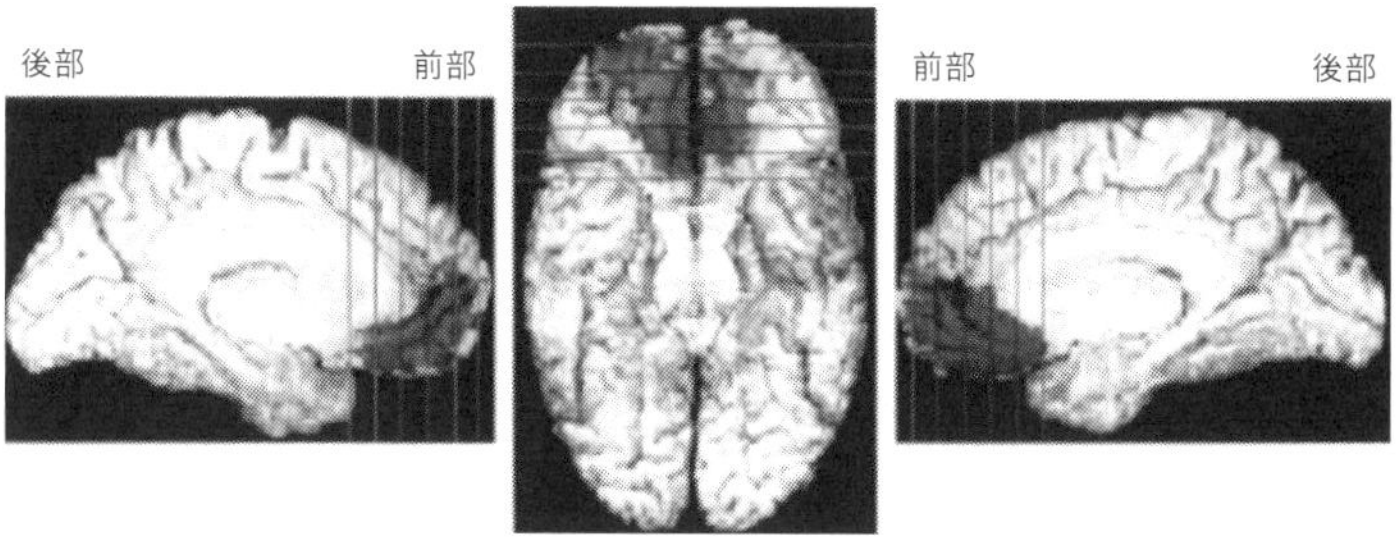

◉**図2** 前頭前皮質腹内側部が損傷した患者の脳。色の濃い部分が、損傷した腹内側部。Bechara A et al., 2000を改変

らは二つの言葉を使い分けていくことにします。

情動とは、主に身体の外からの刺激に対して自動的に、そして大部分が無意識のうちに起こる一時的な生理反応のことです。不安、恐怖、喜び、悲しみ、怒り、などの情動があります。心臓がドキドキしたり、手のひらに汗をかいたり、身構えたり、顔つきが変わって不安顔になるなど、急激な身体的変化が起きるのが、情動反応の特徴です。意識はできませんが、コルチゾールというストレスホルモンも分泌されます。免疫系も変化します。情動反応は、自律神経系、骨格筋系、内分泌系、免疫系、中枢神経系のすべてが急激に変化する全身反応なのです。

そして、情動反応が意識にのぼったものを感情と言います。感情として意識することで、危険を回避することをより効果的に学習できるようになり、環境に適応しやすくなると考えられています。脳神経科学的には、情動と感情は区別して考えます。

不安というと、こころの問題と考えがちですが、全身

の情動反応である不安感をこころの問題として扱ってしまうのは、問題を矮小《わいしょう》化することになると筆者は考えます。このことは、後で議論したいと思います。

それでは、アイオワ・ギャンブリング課題について見ていきましょう。

これは、簡単なトランプゲームです。実験参加者には、四つのカードの山が示されます。カードを一枚引くたびに報酬が与えられるか、罰金が科せられます。AとBのカードの山は、報酬は大きいものの、罰金も高額になるので、最終的には正味の報酬が少なくなるよう、あらかじめ設定されています。CとDの山は一回で得られる報酬は少ないのですが、罰金の額も少ないので、最終的には得をするように仕組まれています。そのことは、参加者には知らされていないのですが、単純なゲームですので、試行錯誤するうちにこのルールに気づき始めます。もちろん、健常者の場合、不利になるAとBの山を避けて、CとDの山からカードを引くようになります。ところが、腹内側部が損傷した患者は、このルールに気づいているにもかかわらず、不利になるAとBの山からカードを引くことにこだわり続け、損をします。分かっているのに、なぜか自分が不利になるカードを引き続けるのです。

実験の結果、健常者なら不利な山からカードを引こうとする際、不利な山だと意識する前に、無意識のうちに汗をかくのですが、損傷患者は汗をかかないことが分かりました（Bechara A et al., 2000）。発汗は交感神経系が興奮したことによる生理変化で、不安を感じていることを示す情動反応です。

このことは、頭では自分が不利な選択をすることが分かっていても、理性的な判断をする前に無意識に起きる情動反応が起きないと、正しい判断ができなくなってしまうことを物語っています。一般的な言葉に置き換えますと、巷で言われているように感情的になると理性が働かなくなるのではなくて、感情がなくなると理性は働かなくなってしまうのです。

おそらく、健常者は不利な山からカードを引こうとすると、高い罰金を払ったこれまでの経験から無意識のうちに不安を感じ、なんとなく嫌な感じがしてカードを引くのをためらうようになるのでしょう。一方、損傷患者は、不利になる山から何度カードを引いても嫌な感じがしないので、目先の大きな報酬に目を奪われて、自分に不利になる選択をし続けてしまうのです。不安を感じると確かに嫌な感じになりますが、嫌な感じがするからこそ、嫌な感じがしなくても済むような行動を学習できるのです。彼らは不安を感じることができないために、過去の過ちから何も学ぶことができず、失敗を繰り返します。不安には、自分の人生を豊かにする積極的な働きがあるのです。

直観の正体

これまで見てきたように、情動は、ものごとを判断する上で非常に重要な役割を果たしています。情動の役割とは、体験に基づいて、それぞれの選択肢に自分にとって有利か不利かの価値の重み付けをしていくことと言ってよいでしょう。情動によって選択肢が重み付けされることで、意識することなく、瞬時に自分に不利な選択肢を避けることができるようになるのです。先ほどのカードゲームで、自分に不利なＡとＢの山を見ると無意識のうちに不安を感じて選ぶのを避けてしまう、といったようにです。

腹内側部を損傷すると、先ほどお話したように優柔不断になります。計画性がなくなり、社会のルールにも従えなくなります。これらの特徴も、情動反応がないことで説明がつきます。日常生活を振り返ってみれば分かります。

私たちは、断片的な情報を頼りに、次から次へと用事をこなしていかなければなりません。そのためには、無数の情報の中から優先順位の高い情報を、その場で素早く選んでいく必要があります。このとき、無意識のうちに情報に重み付けをして、不必要な情報を切り捨て、重要度の高い情報に注意を促すのが情動と考えられます。

損傷患者は、情動反応がなく情報に重み付けができないから、いつまでも判断できず優柔不断になるのです。大切な約束の締め切りが迫っていて、期待通りの仕事ができないと人の信用を失うことは頭で分かっていても、不安を感じないので、目の前に降ってきた些細な、ただし本人にとっては興味が尽きることのない雑用に没頭してしまいます。取引先を失望させ、上司に怒られても、不快感を感じないので後悔しません。このようなことを続けていると最終的には職を失うことは理解できても、不安を感じないので同じ過ちを何度も繰り返してしまいます。

情動反応は、全身で起こります。不安になってドキドキしたり、身構えたり、ハッとして眠気が覚めたり、といった全身で起こった情動反応は、経験を積むにしたがって脳に記憶として蓄えられます。強い情動反応は強化され、弱い情動反応は排除されていきます。強化、排除の過程には、おそらくドーパミンやセロトニンといった神経伝達物質の放出によって、神経細胞の興奮のしやすさが変化することが関わっていることでしょう。その結果、人は瞬時に自分にとって有利か不利かの判断ができるようになるのです。これが有名な、「ソマティック・マーカー仮説」です（Bechara A & Damasio A, 2005）。フィニアス・ゲージやアイオワ・ギャンブリング課題で、前頭前皮質腹内側部の機能を研究したダマシオが提唱した仮説です。

そして、ダマシオによれば、このような情動反応が直観の正体です。「女の第六感」もそうかもしれません。本当に女性の方が男性より勘が鋭くて、夫の浮気を見破りやすいのかは分かりませんが、女性が政治家をネクタイの柄で選んだとしても、あながち間違いでないことが実験で示されています。

米国からの報告です。過去にあった上院下院議員選挙の候補者二人の顔写真を実験協力者に見せて、どちらの政治家が有能に見えるか、つまり、当選しそうなのはどちらの政治家かを尋ねたところ、七割前後が実際に当選した候補者を選んだそうです（Todorov A et al., 2005）。もちろん、候補者の所属政党と選挙結果は、実験協力者に教えていません。念のために、候補者の顔写真に見覚えがあるかどうかを確認して、見覚えがある場合は、集計から除いています。驚いたことに、顔写真をたった〇・一秒見せただけでも、当選者的中率は変わりありませんでした（Ballew CC 2nd & Todorov A, 2007）。

この実験では、見た目がどの程度、判断に影響を与えているかを確認するために、候補者をハンサムだと思うか、格好いいと感じたりするかなど身体的な魅力についても質問しています。その結果、見た目はそれほど影響を与えていないことが分かりました。一瞬のうちに選んだといっても、単純に見た目だけで決めたわけではないのですね。つまり、私たちは毎日、たくさんの質の異なった情報の中から、無意識のうちに自分にとって最も適切だと感じる情報を、瞬時に選び出して生活しているということです。

次のようなことも分かっています。人は怒り顔を見たとき、それがたとえ一瞬であったとしても、目からの情報が脳の視覚中枢で処理される前に、すでに身体が勝手に反応してしまっていることが、情動に関係する脳部位の活性化で確認できました（Morris JS et al., 1998）。考える前に、目の前にいる人物が自分にとって安全か危険か、無意識のうちに身体が反応しているということです。私たちは日々、ほぼほぼ自分にとって適切な判断を直観的に行っているのです。もっともらしい理由は後付けに過ぎない、と言っても過言ではありません。

不安とは何か

これまで、社会生活の中で自分に有利か不利かを直観的に見分ける情動の高度な機能に焦

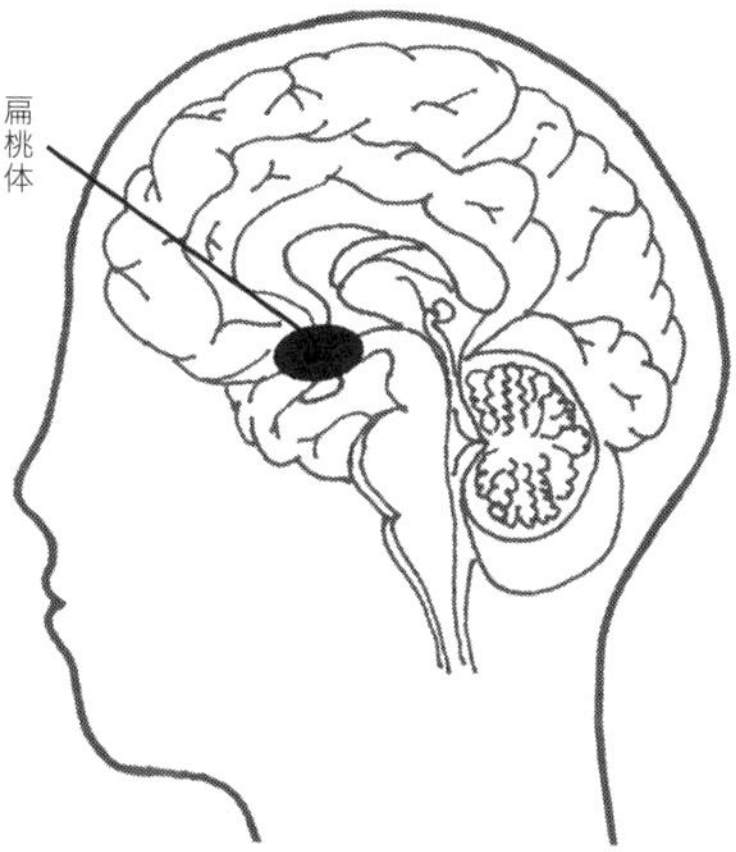

◉**図3**　扁桃体。情動反応で中心的な役割を果たしている。は虫類、鳥類、ほ乳類と、長い生命進化の過程で、扁桃体の機能は退化せず保たれている

点を当ててきました。脳内活動で主役を演じているのは、前頭前皮質の腹内側部でしたね。

もう一つ、情動反応にとって重要な脳部位に、扁桃体《へんとうたい》があります（図3）。

こちらは、熊に襲われそうになったときなど、より原始的で単純な刺激に対して危険か安全かを見分けるときに、特に中心的な役割を果たしていると考えられています。原始的だからといって軽く見てはいけません。原始的な機能が人間にも残されているということは、それだけ命にとって必要不可欠であることを意味しています。ですから、扁桃体は、命を守る上で根本的な役割を果たしているといえます。

代謝の異常で扁桃体が破壊されてしまう病気に、ウルバッハ・ヴィーテ病という病気がありあます。この病気の患者は不安を感じませ

ん（Adolphs R et al., 1995）。タランチュラやヘビを見ても怖がらないし、触ろうとします。恐ろしいできごとに遭遇しても、恐怖を感じることはありません。ただし、知的な能力は正常なので、ふつうの人なら怖がることを頭で理解することはできます。先ほどのトランプゲーム、アイオワ・ギャンブリング課題をさせると、儲けたい気持ちがあるのに、損をしても気にしません。前頭前皮質の腹内側部が損傷した患者と似ています。この病気にかかってしまったある女性は、仕事に就けず、生活保護を受けないと生活できなくなってしまいました。結婚もできませんでした。情動反応がないので、自分にとってどれが大切な情報なのかを判断できないため、社会生活が営めないのです。

サルの扁桃体を実験的に破壊してしまうと（ちょっと残酷ですが）、赤ちゃんみたいに、何でも口の中に入れようとします。ふつうのサルなら嫌がるゴム製のヘビを与えても、気持ち悪がったりしません。見知らぬサルと対面しても、平気です。ふつうのサルなら警戒します。仲間の毛繕いをするなど、社会的な行動も取らなくなり、群れに馴染めなくなります（Amaral DG, 2002）。人間の扁桃体損傷患者の行動とそっくりです。ラットも同じです。ラットは本能的にネコを怖がります。一度もネコに遭ったことがなくても、ラットはネコの匂いを嗅いだだけで嫌がるのがふつうです。ところが、扁桃体を壊すと怖がらなくなるのです。麻酔で眠らせたネコのそばに置くと、平気でネコの背中によじ上ったり、耳にかみついたりします（Blanchard DC & Blanchard RJ, 1972）。

このような例から分かるように、扁桃体がないと、多くの生物は危険を避けて生きていくことができなくなります。扁桃体は危険を発見、回避するための警報装置としての機能を果たしているのです。扁桃体が活性化した結果、人は不安を感じます。驚くことに、扁桃体のこの機能は、扁桃体をもつすべての動物で同じです。は虫類、鳥類、ほ乳類と、生物種が違っても、扁桃体の機能は変わりません。つまり、情動的には、人類はトカゲと同類なのです。トカゲから人類に至る長い進化の歴史の中で、扁桃体の機能が退化せずに保存されているということは、危険を知らせてくれる「不安」という情動が、命を守るためにきわめて重要な役割を果たしていることを意味しています。

その証拠に、扁桃体には、視覚、聴覚、嗅覚、味覚など、すべての感覚情報が**ダイレクト**に入力することが明らかになっています。しかも、意識的な情報を処理する大脳新皮質の視覚野に情報が届いて、本人が「見えた」と意識するより前に、扁桃体に情報が届くことが確かめられています。目の網膜から大脳新皮質の視覚野に情報が届くルートとは別のルートを通って、素早く扁桃体に視覚情報が届くのです。

たとえば、次のようなことが確認されています。盲視といって大脳新皮質の視覚野に障害がある患者は、不思議なことに、視力を失って見えないはずなのに、目の前にいる人が怖がっているのか、幸せそうな顔をしているのか、表情を区別できるのです。怖がっている人の顔が目の前にあるときだけ、扁桃体が反応することが確認されています（Morris JS et al., 2001）。

先ほどお話したように、扁桃体という生命の警報装置は、は虫類、鳥類、ほ乳類で共通しています。この警報装置を鳴らすルートは、長い進化の過程で保存され、身に迫った危険を察知して素早く反応します。盲視の例が、そのことを証明しています。確かに荒っぽいです。なにせ見えないのですから。その代わり、素早い。健常者だと、見てから一五〇ミリ秒以内に、無意識のうちに扁桃体が反応します。一方、高度な情報処理を行う大脳新皮質経由で情報を処理するルートでは、視覚野が活動を始めるまでに、約二〇〇〜三〇〇ミリ秒かかってしまいます（図4）。

命あっての物種ですから、多少の間違いは後からいくらでも取り返せる、ということで、危険を避けるためにとにかく素早く反応するのが扁桃体です。意識して安全か危ないかを判断する通常の視覚システムは、後から進化しました。高度で洗練されてはいますが、反応が遅いので後の祭りになりかねない可能性もあります。素早い情報処理と、それに続く洗練された情報処理、この二つのルートを使い分けて生存確率を上げるように人類は進化した、ということでしょうね。

そして、無意識のうちに素早く反応する扁桃体の活動によって、人の神経は研ぎすまされます。本当に危険が身に迫っているかどうかを的確に判断するためでしょう。『ネイチャー』という著名な科学雑誌に、次のような実験結果が報告されています。

人間は、一つの単語を認識すると、しばらく経たないと次の単語を認識しにくくなることが

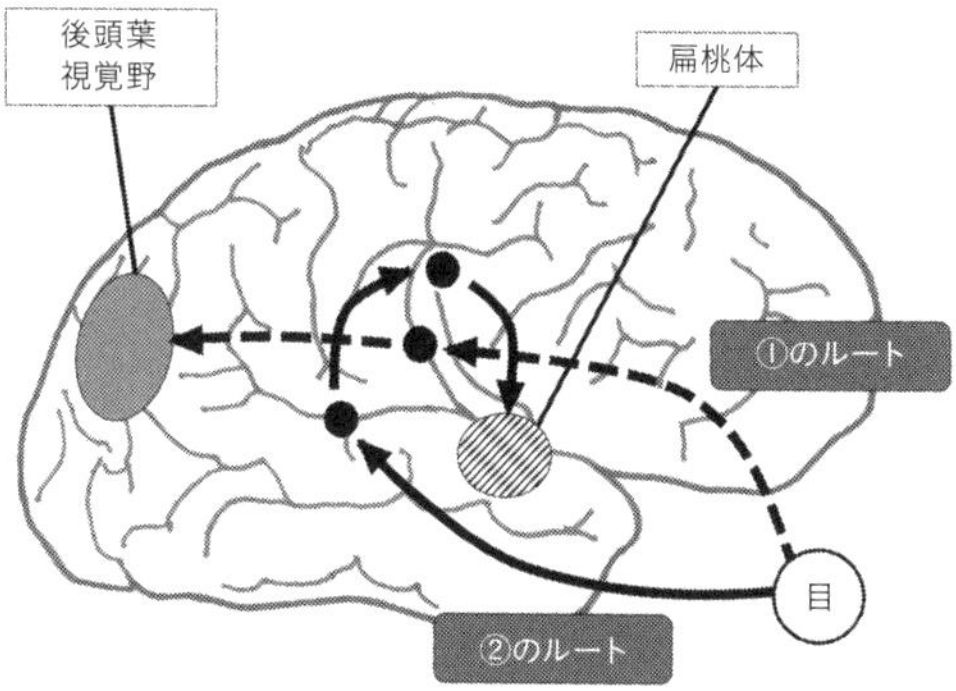

●図4　2つある視覚神経経路。①目の網膜から後頭葉の視覚野に情報が伝わるルート。②網膜から視覚野を通らず扁桃体に情報が伝わるルート。視覚刺激は、①のルートを伝わって「見えた」と意識する前に、②のルートを通って無意識のうちに、質的には粗いが素早く扁桃体に届く。Liddell BJ et al., 2005を改変

知られています。次から次へと示される単語をどれだけ正確に言い当てることができるか試したところ、健常者だと、示される単語が「強姦」などの情動を刺激する単語だと、そうでない単語より正確に認識できることが分かりました。ところが、扁桃体が損傷した患者は、情動を刺激する単語でも正解率が上がらなかったのです。このことから、扁桃体が無意識のうちに興奮して情動反応が起こることで、目に飛び込んでくる情報を、普段より正確に見分けることができるようになることが分かりました（Anderson AK & Phelps EA, 2001）。情動を刺激する単語の正解率が上がるということは、人間の情報処理システムは、命に関わる情報には優先的に、そして、正確に反応できるようにできているということです。不安を感じやすい人ほど、危険を正確に、素早

く発見できることが確かめられています（Pearson RM et al., 2009）。不安を感じやすいことは、長所でもあったのですね。

扁桃体の活動は、記憶力もよくします。これも、扁桃体損傷患者の研究で分かったことです。実験協力者に何枚かのスライドを見せながら、母親と子どもが入院中の父親をお見舞いに行く物語を語って聞かせました。物語の途中には、情動が刺激されるような手術場面などが出てきます。スライドを見た次の日、または一週間後に、それぞれのスライドをどのくらい覚えているか確認したところ、健常者の場合、手術場面など情動が刺激されるスライドをよく覚えていました。ここまでくれば多くの読者が予想するでしょうが、扁桃体損傷患者では、情動が刺激されるスライドであっても特に強く記憶に残るようなことはありませんでした（Adolphs R et al., 1997）。

これらのことから、不安などの情動反応は、理性の働きを高める役割を果たしていることが分かります。

情動は、ときに人間の判断を迷わせる困ったところがあるのは事実です。

たとえば、「すべての風邪の二〇％に効果がある薬です」と宣伝するよりも、「いま流行している風邪の二〇％はコロナウイルスが原因ですが、この薬はコロナウイルスを一〇〇％撃退します」と言った方が、同じなのによく売れることが知られています。また、糖尿病のようなありふれた病気だと実際の死者数より少なめに見積もられ、殺人や地震など、感情を揺さぶる悲惨なできごとの犠牲者は多めに見積もられやすいことも知られています。

次のようなことも知られています。


問題です。

一〇〇人の人がいる。うち、七〇人がエンジニアで、三〇人が法律家だ。無作為に一人を選んだところ、次のような人物だった。

ジャックは四五歳の男性。結婚していて、四人の子どもがいる。彼は保守的で用心深く、野心的な人物だ。政治や社会問題には関心がない。休みのときは、たいてい日曜大工や帆走、数学パズルなどをしている。

彼がエンジニアである確率は何%か。


この質問に対する答えは、エンジニアと法律家の比率を逆転させて、「三〇人がエンジニア、七〇人が法律家」としても、あまり変わらないことが分かりました（Kahneman D & Tversky A, 1973）。つまり、回答者が、本来最も重要な情報であるエンジニアと法律家の比率を無視して、ジャックのプロフィールがステレオタイプ化されたエンジニアや法律家のイメージにどれだけ一致するかを判断材料にしていたことを示しています。もちろん、誤った判断です。

このように直観は、しばしば間違えます。そこだけ見れば、情動反応は厄介な代物です。多くのものごとが直観で決まってしまい、理由は後付けに過ぎないとなると、われわれの認識にはこんな弱点があるんだということをよく自覚して、もう少し慎重にものごとを判断した方がいいかもしれませんね。

しかし、先ほどお話したように、必ずしも完璧な情報がない中で、次から次へと用事をこなしていかなければならない日常生活では、大雑把でときに勘違いを犯したとしても、素早く反応した方がトータルでは自分にとって有利な選択をしている可能性が高いと言えるのではないでしょうか。前頭前皮質の腹内側部を損傷した患者が優柔不断だったことが、このことをよく示しています。確実な情報が得られるまで待っていたら、何もできないまま日が暮れてしまいます。

だいたい、不安などの情動反応はふつう、切羽詰まったときに起きるものです。豊富な情報があり、それをじっくり考えるだけの十分な時間と予備知識があるときに、不安を感じたりはしません。ですから、科学者はよく、「正しい科学知識を身につければ必要以上の不安は感じない」と言いますが、理想的な条件下で行った専門家による理性的な判断と比較して、情動反応の非合理性を批判しても意味はないのです。

このことを証明してくれたのが、前頭前皮質の腹内側部を損傷した患者でした。彼らは日常生活では正常な意思決定ができず社会のルールに従えませんが、実験室という理想的な条件下で行う実験では正常な言動を示します。知能検査、記憶力、言語理解力、計算能力、論理的思考力、注意力、人格検査など、考えられる限りのありとあらゆるテストで正常値を示し、なぜ社会に適応できないのか、研究者の頭を悩ませました。テストで好成績を残せたのは、実験室には実生活のような不確実性がないので、情動の助けを借りる必要がなかったからです。情動の助けがないと正しい選択ができないアイオワ・ギャンブリング課題を考案することで、そのことがようやく確かめられたのでした。

面白い調査を紹介しておきます。七〇〇〇人近くの人を対象に、一〇年から一五年後に病気になるかどうか、医師と本人のどちらが正しく予測できるか比較したところ、客観的データを根拠にした医師の予測より、本人の**予言**（主観的健康感）の方が、将来の健康状態を高い確率で言い当てていたとのことです。[*3] 実際、世界中の二七もの調査で、本人が「体調がよくない」と答えた人ほど死亡率が高いことが確かめられています。[*4]

ですから、専門家の判断の方が一般の人たちより合理的だとか、一般の人たちの判断は感情的で合理性に欠けているとは必ずしも言えないのです。総じて、専門家の見方は一面的で融通が利かないことが多いように思います。それに対し、一般の人たちが訴える不安は、生活の場から出て来た多種多様な懸念を反映していることが多いように感じます。どちらが正しいとは言えないのですから、専門家任せにしないことです。自分のこと、自分の生まれ育った土地のことは自分が一番よく知っています。自分の価値観を信じて、ときに独善や独走に走りがちな専門家に対し、勇気をもって異議申し立てを行うことが大切です。ここはすごく大切なポイントですが、突き詰めていくと本書のテーマから離れてしまうので、別の機会に譲りたいと思います。

それから念のためにお断りしておきたいのですが、本書で読者のみなさんにお伝えしたいことは、情動を理性と対立させて、情動の方が理性よりすぐれているということではありません。ましてや、理性などいらない、などと主張しているわけではありません。素早い情動反応は、私たちが生きていく上でなくてはならないものです。不確実性が高くなればなるほど、扁桃体がより活性化することが知られています（Whalen PJ, 2007）。扁桃体が強く反応することで不安感は高まりますが、そのことによって意識は研ぎすまされ、学習効果が高まり、より記憶に残りやすくなります。未知な体験からより多くを学び、危険を避けるために、情動反応は必要なのです。

情動反応の欠点は、大雑把なところです。専門家の理性的判断も間違えることがありますが、素人の情動に基づく直観もしばしば間違えます。大切なのは、失敗から何を学ぶか、ということです。成功や失敗から得られた知恵が情動反応に適切に条件付けられることで、情動はより洗練され、私たちの人生を豊かにしてくれることでしょう。

中庸（メソテース）の徳を唱えた古代ギリシアのアリストテレスは、次のように言っています。

たとえば、恐怖するとか、平然としているとか、欲望するとか、憤怒するとか、憐憫《れんびん》するとか、その他総じて快楽や苦痛を感じるということには過多と過少とが存しており、これらはいずれもよろしくない。だが、これに反して、然るべきときに、然るべきことがらについて、然るべきひとに対して、然るべき目的のために、然るべき仕方においてそれを感ずるということ、これは「中」的にして最善であり、まさしくこうしたことが徳には属しているのである。[*5]

過ぎたるはなお及ばざるがごとしで、何ごともほどほど（中庸）がいいということですね。

情動と理性は車の両輪なのです。ただし、二つは並列ではなく、脳の構造上、情動が先で理性は後付けにならざるを得ない点は、肝に銘じておいてください。

2　不安と病気の関係

不安は全身のストレス反応

これまでお話してきたように、不安は生命の警報で、不安を感じられなくなれば、人は安全か危険かを見分けることができなくなり、生きていくことができません。ただし、不安を感じ続けることはいいことではありません。これから、不安と病気の関係についてお話したいと思います。

先ほどお話したように、不安とは、漠然とした危険にさらされたときに起きる情動反応のことです。危険の対象がはっきりしているとき起きる情動反応は、恐怖です。

そして、生存を脅かし、情動反応の原因となる刺激のことを、ストレッサーと言います。不安の原因となるストレッサーには、さまざまな種類があります。大学受験、大切な人の死、人間関係のトラブル、収入の不安定さ、食品の安全性などなど……。昇進やマイホーム取得など一見好ましい状況も、本人がプレッシャーを感じていれば、ストレッサーになります。

このようにストレッサーにはさまざまな種類がありますが、それに対する身体の中で起きるストレス反応はほぼ同じと考えられています。ここで言うストレスとは、「ストレッサーに対して生体に生じる非特異的反応の総称」のことです。非特異的というのは、ストレッサーの種類が違っても反応が一定のパターンを示すという意味です。この定義は、ハンガリー系カナダ人のセリエという生理学者が提唱した、いわゆるストレス学説によるもので、今日では専門家の間で広く認められています。

ストレス反応のパターンは、ストレッサーの種類が違うだけでなく、生物の種類が違ってもほぼ同じです。病気の原因解明や治療法の開発のために、動物実験が行われるゆえんです。また、ストレス反応を経験すると、引き続き起きるストレス反応に対して、抵抗力がつきます。この抵抗力の増強は、別のストレッサーに対しても発揮されます。交叉耐性と言います。強いストレスは身体に悪い影響を与えますが、不思議なことに、弱いストレスだと身体にいい影響を与えることがあります。なんだか飴《あめ》と鞭みたいですね。

さて、ストレッサーにさらされ情動が喚起されると、生体は、生存の危機から身を守るための情動行動を取ります。怒りや恐怖といった強い情動の場合、ただちに通常の行動は中断され、「闘争」か「逃走」という二者択一の情動行動に切り替わります。不安の場合、ストレッサーの対象がはっきりしないので、目に見える行動を取るというより、「フリーズする（身をすくませる）」ことが多いかもしれません。いずれにせよ、このような情動行動に即応するために、急激な生理変化が体内で起きます。専門的には、このことをストレス反応と言います。一般的に言われるストレス（精神的な緊張）とは意味がちょっと異なるので、注意が必要です。

ストレス反応は、全身の反応です。不安の場合、手のひらに汗をかいたり、心臓がドキドキしたり、身構えたり、不安顔になったり、眠気が醒めたり、食欲や性欲がなくなったりします。汗をかいたり、心臓がドキドキするのは交感神経系が興奮したためです。身構えたり顔の表情が変わるのは骨格筋系、眠気が醒めたり、食欲・性欲がなくなるのは中枢神経系の反応です。意識することはできませんが、血液は身体の表面へと向かい、闘う準備のために骨格筋に集まります。消化器系の血管は収縮し、血流も減少します。飯など食っている場合ではない、ということです。免疫系も活性化します。外敵から襲われた場合、傷口から細菌が体内に侵入するかもしれません。感染症に備えてのことだと考えられています。内分泌系の反応としては、副腎皮質からストレスホルモンの一種、コルチゾールが分泌されます。コルチゾールは、体内のエネルギーをすぐに利用できるようインスリンの働きを弱め、血糖値を上げさせます。また、脂肪細胞に蓄えられた脂肪酸を血液中に放出させる働きもあります。

このようにストレス反応は、自律神経系、骨格筋系、脳神経系、免疫系、内分泌系のすべてで起こる反応です。不安を感じたときには、これらの反応が体内で一瞬のうちに起きています。いずれも、身体が緊急事態に対応しようと、大慌てで準備してのことです。身体のすべての資源は、そのために動員されます。生命にとっての日常的な営み、たとえば、細胞や組織の維持・修復、消化、成長、生殖などの機能は、後回しにされてしまうのです。ストレ

交感神経系のストレス反応

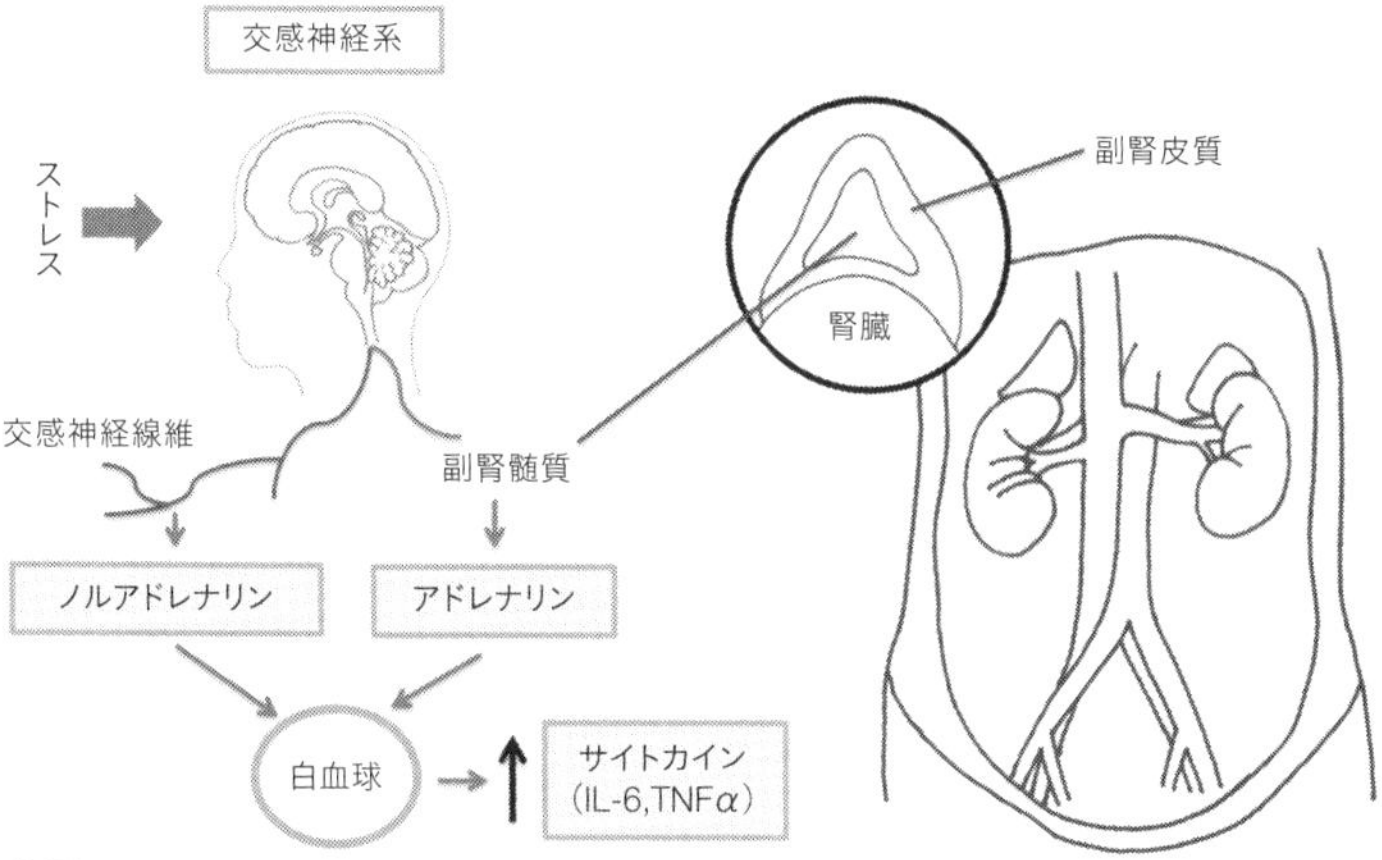

●図5-1

HPA軸のストレス反応

HPA軸とは…ストレスに応じて副腎皮質からのコルチゾールの分泌を調節するストレス応答システム

HPA
H：視床下部（hypothalamus）
P：下垂体（pituitary gland）
A：副腎皮質（adrenal cortex）

CRH
副腎皮質刺激ホルモン放出ホルモン

ACTH
副腎皮質刺激ホルモン

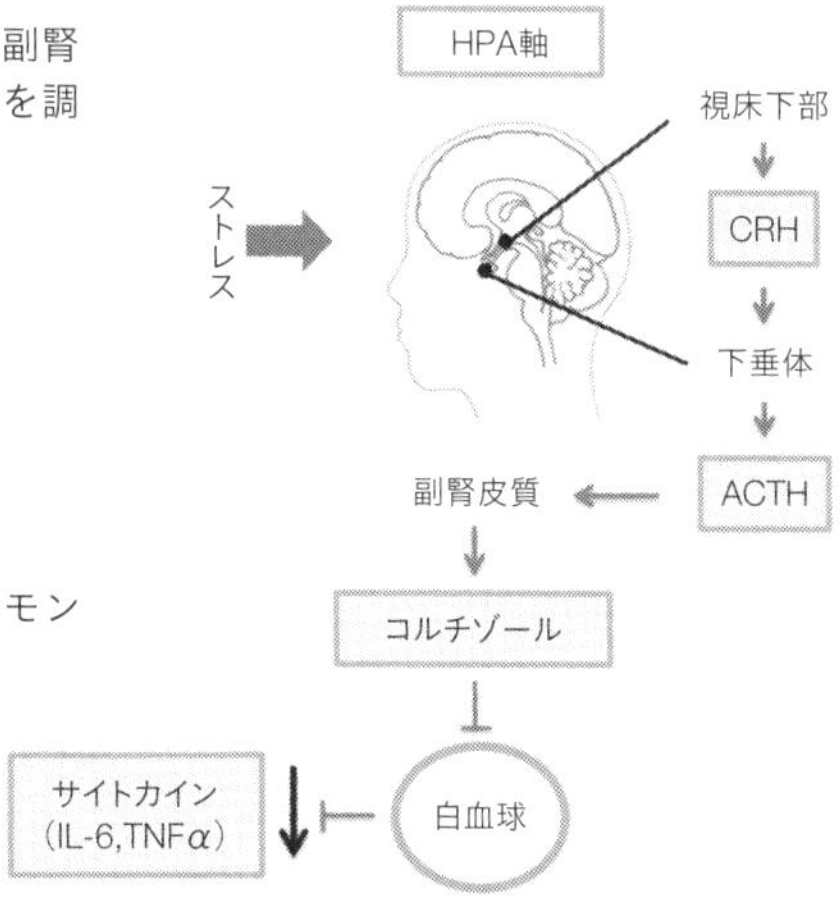

●図5-2

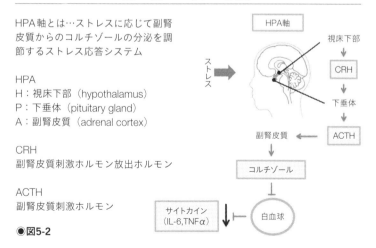

ス反応が、命を守るためにいかに大切な反応かが分かります。

ストレスを受け続けると、なぜうつ病になるのか

中でも重要なのが、交感神経系と視床下部―下垂体―副腎皮質系（以下、ＨＰＡ軸）の二つの反応です（図5）。

交感神経系は、副交感神経系とともに自律神経系を構成しています。自律神経はその名が示す通り、骨格筋のように意識的に動かすことができません。心臓の筋肉や血管の収縮、汗腺のように自動的に制御されているのが、自律神経です。交感神経系はストレス下で活性化して、心拍数を増加させ、血圧を上昇させます。一方、副交感神経系はリラックスしているときや睡眠中に活性化します。心臓の働きを抑制させ、エネルギーの貯蔵、消化、成長などの身体維持機能を促進させます。

ストレス反応により交感神経系が活性化すると、アドレナリンとノルアドレナリンが放出され、身体を覚醒させます（図5－1）。アドレナリンは腎臓の上にある副腎の皮質と髄質のうち、髄質から血液中に放出されます。ノルアドレナリンは全身の交感神経線維の末端から放出され、交感神経が支配している臓器の活動を変化させます。たとえば、心臓の働きが活発になります。また、アドレナリンとノルアドレナリンは白血球に作用して、インターロイキン6（ＩＬ－6）や腫瘍壊死因子α（ＴＮＦα）などのサイトカインの放出を促します。サ

交感神経系とHPA軸のストレス反応

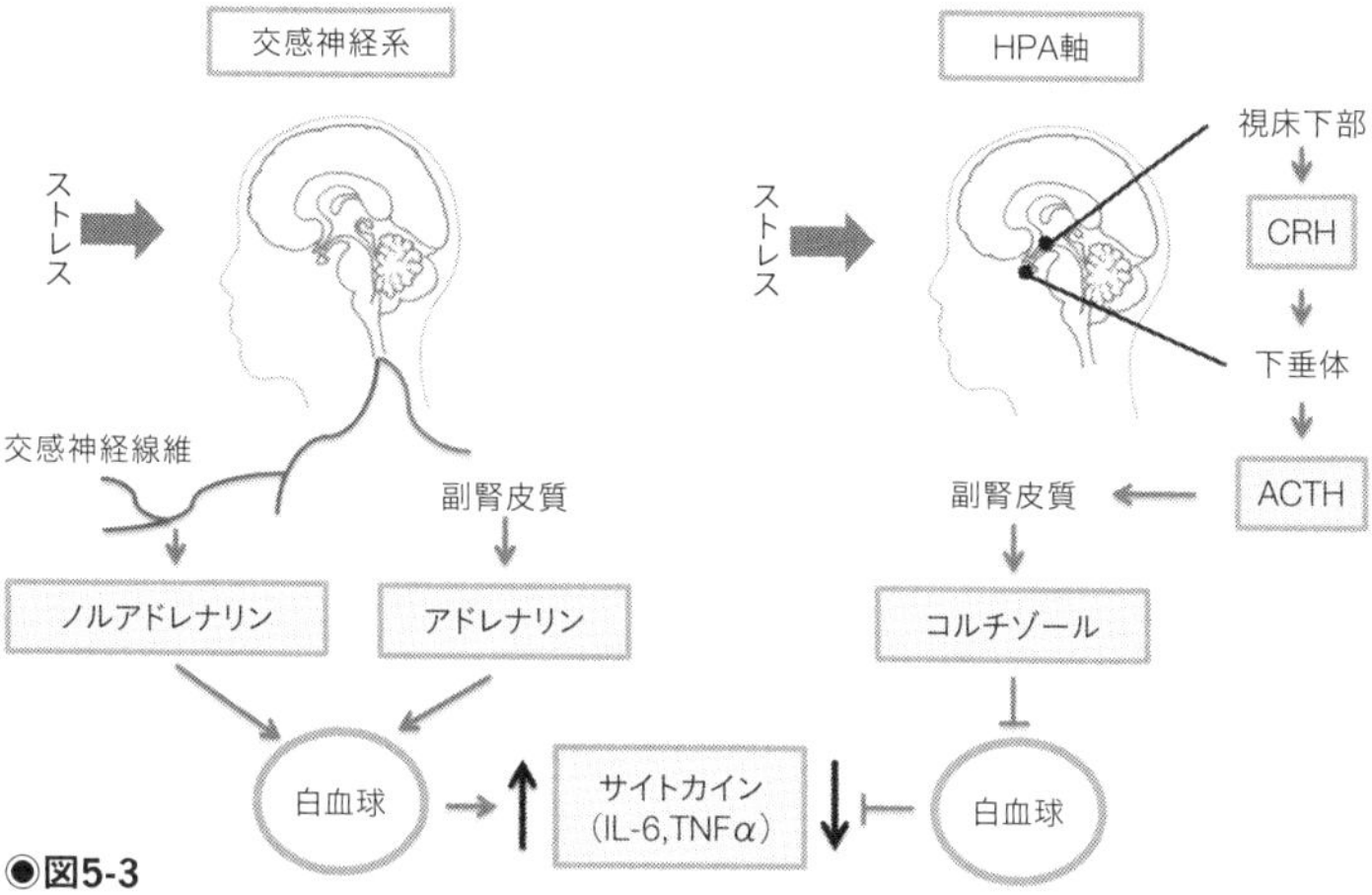

◉図5-3

イトカインは、細菌に感染したとき免疫細胞に情報を送ったり、感染症にかかったときの発熱(体温中枢の変化)などに関わっています。炎症反応にともなって放出が増加することから、これらのサイトカインは炎症性サイトカインと呼ばれています。炎症性サイトカインは脳の視床下部に作用して、コルチゾールの分泌を促す働きもあります。ちょっと専門的かもしれませんが、コルチゾールとサイトカインの関係は、不安と病気の関係を解くカギを握っているので気にしておいて下さい。

もう一つ重要なストレス反応が、交感神経系より遅れて反応するHPA軸の活性化です(図5−2)。遅れると言っても、ごくわずかです。ストレスを感じた視床下部は数秒以内にホルモン(CRH)を放出し、脳のすぐ下にある下垂体を刺激します。刺激を受けた下垂体は別のホルモン（ＡＣＴＨ）をおよそ一五秒以内に放出し、今度は副腎の皮質を刺激、数分以内にコルチゾールを放出させます。これがＨＰＡ軸です。ＨＰＡとは、視床下部（Ｈ）、下垂体（Ｐ）、副腎皮質（Ａ）、この三つの部位の英語の頭文字です。コルチゾールは血流に乗って全身を駆け巡り、「闘争」か「逃走」のためのエネルギー供給を促す一方、炎症性サイトカインの放出を抑え、活性化した免疫反応を速やかに平常時に戻します（図５－３）。免疫反応が過剰になることによって、身体に悪影響が出ることを抑えるためです。

このような一連のストレス反応は、コルチゾールが脳の海馬に到達することで終息します。コルチゾールから情報を受け取った海馬は、ストレス反応の司令塔である視床下部に、これ以上、コルチゾールを放出しないよう指令を出すのです。ＨＰＡ軸の活性化によって放出されたコルチゾール自身が、ＨＰＡ軸の活動にブレーキをかけるこのループは、ネガティブフィードバックと呼ばれています。

以上が、不安を感じたとき、身体の中で起こるストレス反応の概略です。この反応自体は病気でも何でもありません。人類の進化の歴史の中で、生命が脅かされるような緊急事態は通常一時間も続かなかったはずです。闘争するにせよ、逃走するにせよ、激しい運動が要求される時間は、ごくごく短い時間に限られていたことでしょう。ですから、睡眠や食事、性行為等に対する欲求が後回しにされたとしても、大きな問題とはならないでしょう。何ごとも、命あっての物種ですから。

問題となるのは、不安を感じてストレス反応が起きる状態が、何週間、何カ月、そして何年も続く場合です。ストレス刺激が繰り返し加わる慢性ストレスは、急性ストレスとは違った影響を生体に及ぼします。

結論から言えば、自動車のブレーキが効かなくなってしまうように、HPA軸のネガティブフィードバックがかからなくなってしまうのです。ストレス刺激を受け続けて、血液中のコルチゾール濃度が高いままの状態が続くと、海馬がコルチゾールに反応しにくくなってしまいます。反応しにくくなるだけでなく、コルチゾールにさらされることでニューロンそのものがダメージを受け、海馬のニューロン数が減っていきます。*6 その結果、視床下部にストレス反応を中止する指令が送られにくくなり、コルチゾールは四六時中、出っぱなしの状態になってしまうのです。

高濃度のコルチゾールにさらされた海馬はさらなるダメージを受け、容積そのものが萎縮していきます。海馬の萎縮に関係ある病気として、うつ病が知られています。うつ病を患っている期間が長いほど、海馬は萎縮していることが報告されています。また、多くのうつ病患者で血液中のコルチゾール濃度が上昇していて、抗うつ剤による治療で正常値に戻ることが報告されています。うつ病患者は副腎が大きく、治療後には正常な大きさに戻るという報告もあります。これらのことから、コルチゾールの血中濃度を調整するHPA軸に何らかの障害が起きた結果、ネガティブフィードバックがかかりにくくなり、うつ病になるのではないかと考えられています。

炎症性サイトカインが長寿のカギを握っている

慢性ストレスの影響は、精神への影響に留まりません。先ほど、コルチゾールは、免疫反応が過剰にならないように炎症性サイトカインの放出を抑える働きがあるとお話しましたが、コルチゾールが出続けると、こちらのブレーキも効きにくくなってしまうのです。その結果、NF－κB（エヌエフカッパビー）という炎症を促進させる因子のシグナルが増大し、炎症性サイトカインの放出が止まらなくなってしまいます。過剰に放出された炎症性サイトカインが血流に乗って全身を駆けめぐると、全身の血管、臓器に慢性的な炎症が起こります。恐ろしいことに、炎症性サイトカインは、心臓病、脳卒中、糖尿病、さらには、がんの進行や転移とも関係していると考えられていて、炎症性サイトカインの血中濃度を測ることで、晩年のこれらの疾患への罹患《りかん》率や死亡率を予測できるとまで言われています。

このような見方を裏付けるように、最近、慶應義塾大学医学部などの研究チームが、次のような研究結果を発表しました。[*7]

研究チームの目的は、長寿の秘訣を突き止めることでした。そのために、一五〇〇人以上の高齢者を集めました。この中には、一〇〇歳以上の高齢者六八四人と、その直系子孫一六七組が含まれています。そして、長寿と関係ありそうな肝臓や腎臓などの臓器の働きや代謝能力、造血能力（貧血）などを調べたところ、長生きの秘訣は、全身で起きる慢性的な炎症反応を抑えることだと分かりました。ＩＬ－６とＴＮＦαの二種類の炎症性サイトカインの血液中の濃度が低い人ほど、寿命が長かったのです。一〇〇歳以上の長寿者の子どもの血中濃度も低いことが分かりました。また、長寿者の中でも特にサイトカイン血中濃度の低い人たちは、そうでない人と比べて自立した生活をより長く続けており、認知症にもかかりにくいことも明らかになりました。

炎症性サイトカインが長寿のカギを握っていることが分かったことから、慢性的な炎症を抑えることで、心臓病などの生活習慣病を予防する新しい医薬品の開発が期待されます。また、炎症反応を抑えるという観点から生活習慣や食生活を見直すことで、これまでにない健康増進法が見つかるかもしれません。

これまでお話ししてきたように、ストレス反応は、一時的な緊急事態をしのぐためにはなくてはならない反応ですが、これが、心配ごとが続き、ダラダラと続いてしまうような慢性ストレス状態に陥ってしまうと、うつ病などの精神疾患だけでなく、がんや心臓病、脳卒中、糖尿病に認知症、つまり、ありとあらゆる病気の原因になってしまうという大変厄介な代物です。

読者の中には、だったらストレス反応などいっそのことなければいいのに、と思う方がいらっしゃるかもしれません。ところが、ストレス反応が起きないと、かえって身体に害が出

ストレス強度と脳機能の関係（概念図）

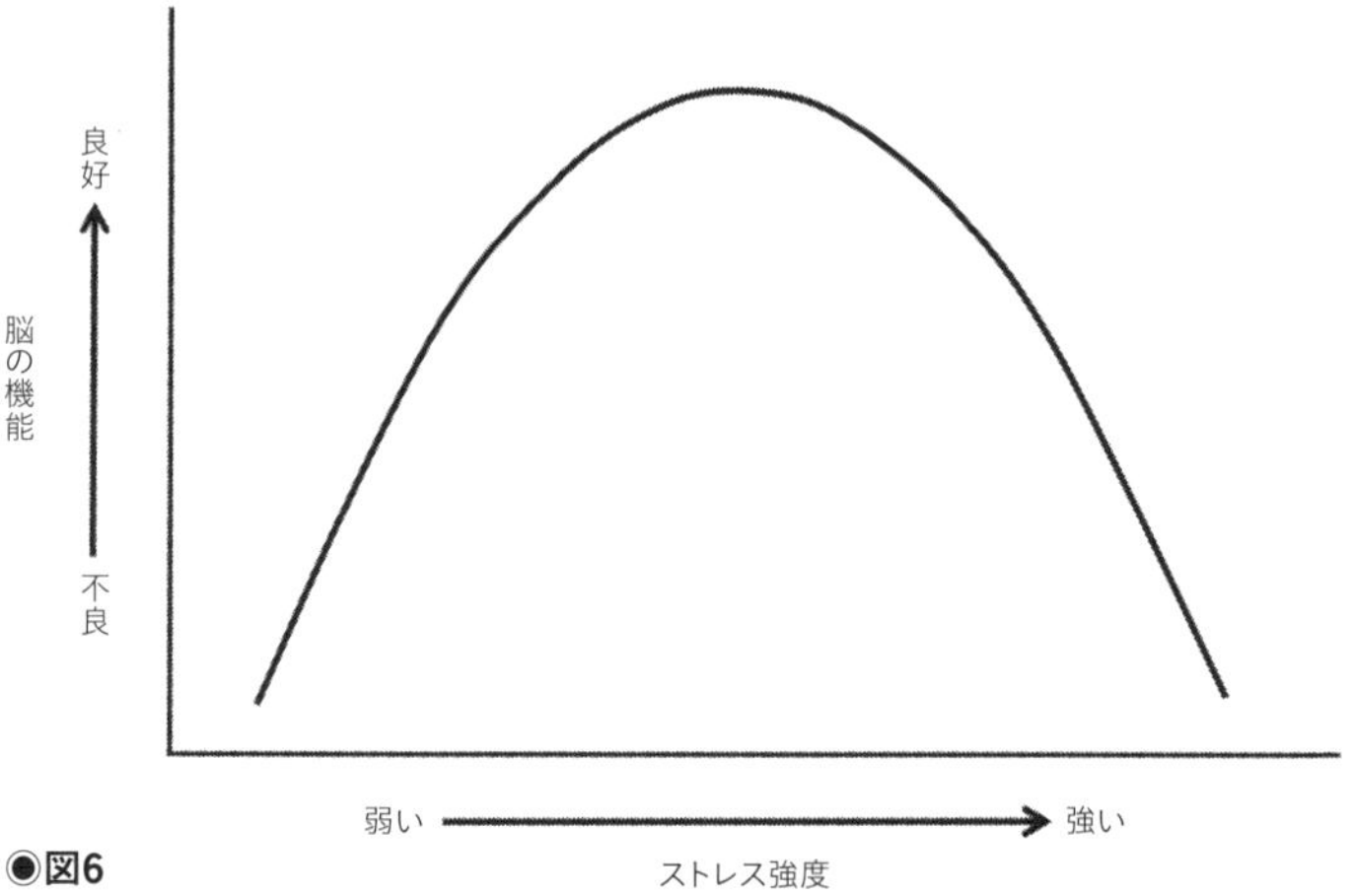

●図6

ることが動物実験で確かめられています。

　アドレノレクトミーをご存知ですか。人間ならコルチゾール、ラットの場合はコルチコステロンを分泌する副腎皮質を除去してしまい、人工的にストレス反応が起きないようにすることです。慢性ストレスによる過剰なコルチゾール分泌は、海馬の神経細胞にダメージを与え、うつ病患者では海馬が萎縮している、とお話しました。ならば、ラットの副腎皮質を手術で取ってしまえば、ストレス反応が起きなくなり、海馬のニューロンを保護できるはずだと思いきや、なんとニューロンが死んでしまい、海馬が萎縮してしまったのです。海馬がダメージを受けることで、記憶力が低下したことも分かりました（Conrad CD & Roy EJ, 1993）。コルチコステロンは、ラット海馬のニューロンにとって邪魔者どころか、生存に必須であることが明らかになったのです。おそらく、人間も同じはずです。

別の実験では、副腎を除去したラットに低濃度のコルチコステロンを一時的に投与すると、海馬のニューロンの働きが向上し、記憶力もよくなることが分かりました。数週間投与し続けると、海馬ニューロンの形態が変わり、細胞が成長していることが分かりました。一方、高濃度コルチコステロンの一時投与ではニューロンの働きが悪化、記憶力も悪くなっていました。長期的に投与すると、ニューロンの萎縮が観察されました（Popoli M et al., 2012）。

これらの実験から、次のことが言えます。少なくとも脳の神経細胞の生存と認知能力を維持するためにはストレスはなくてはならないもので、ストレスがまったくなくなってしまうと細胞は死んでしまい、認知能力も低下してしまいます。適度なストレスは神経細胞を成長させ、認知能力も向上させます。しかし、ストレスが一定の強度を超えてしまうと、神経細胞はダメージを受け、認知能力も低下します（図6）。少なすぎても、多すぎてもダメなのです。ほどほどが一番。情動反応自体、そうでしたね。不安を感じることができなくなってしまった人は、分かっていながら自分に不利なことをしたり、反社会的な行動を取るようになるのでした。感情がなくなると、理性は働かなくなってしまうのです。感情的になりすぎても、理性を見失います。

最先端の脳神経科学の研究が明らかにしたことは、人間の存在が、絶妙なバランスの上に成り立っているということです。不安情動という生命の警報装置を切ってしまうと、人は自分自身をコントロールできなくなってしまいます。適度な不安は人生の道しるべとなります。過剰な不安は、病気の原因となります。では、現代社会に蔓延している不安は、私たちに何を教えてくれるのでしょうか。次章で検討してみましょう。

【注】

(1)安全性を巡る議論では、科学者が提唱する客観的なリスクと一般市民の不安感のギャップをどのように埋めたらいいのかが、大きな課題になっています。この点については、拙著『復興ストレス』(彩流社)、特に第一章で詳細に検討しています。

(2) *Damasio H, et al. (1994) The return of Phineas Gage: clues about the brain from the skull of a famous patient. Science, 264: 1102-1105*

(3) *Ferraro KF and Su YP (2000) Physician-evaluated and self-reported morbidity for predicting disability. Am J Public Health, 90: 103-108*

(4) *Idler EL and Benyamini Y (1997) Self-rated health and mortality: a review of twenty-seven community studies. J Health Soc Behav, 38: 21-37*

(5) アリストテレス(一九七一)『ニコマコス倫理学(上)』高田三郎訳、岩波文庫

(6) *Sapolsky RM (1996) Why stress is bad for your brain. Science, 273: 749-750*

(7) *Arai Y, et al. (2015) Inflammation, But Not Telomere Length, Predicts Successful Ageing at Extreme Old Age: A Longitudinal Study of Semi-supercentenarians. EBioMedicine, 2: 1549-1558*

第2章

現代社会の「不安」

伊藤浩志

1 格差は人を殺す

減らない若者の自殺

現代社会はストレス社会と言われています。厚生労働省の調査（二〇一三年）によると、一二歳以上の日本人の約半数が、日常生活で何らかの悩みやストレスを感じているそうです。*1 一〇人に一人が気分障害・不安障害に相当する心理的苦痛を感じているとのことで、事態は深刻です。同省の労働安全衛生調査（二〇一五年）でも、半数以上の人が仕事で強いストレスを感じていることが分かりました。長時間労働やパワーハラスメントなど、人間関係の悩みを抱えている人が多いようです。

二〇一五年末、電通の新入社員、高橋まつりさん（当時二四歳）が過労自殺したことが話題となりましたが、二〇一六年度にうつ病など「心の病」で労働災害（労災）を認められた人は四九八人、二年ぶりに過去最多となりました。うち、高橋さんを含む八四人が自殺や自殺未遂をしていました。請求した人は一五八六人で、こちらは四年連続で最多となっています。心の病による労災が増えているのは、精神疾患で労災が認められることが広く知られるようになったことで、請求が増えたことも一因でしょう。しかし、心筋梗塞や脳卒中など身体の

「心の病」の労災認定が増えている

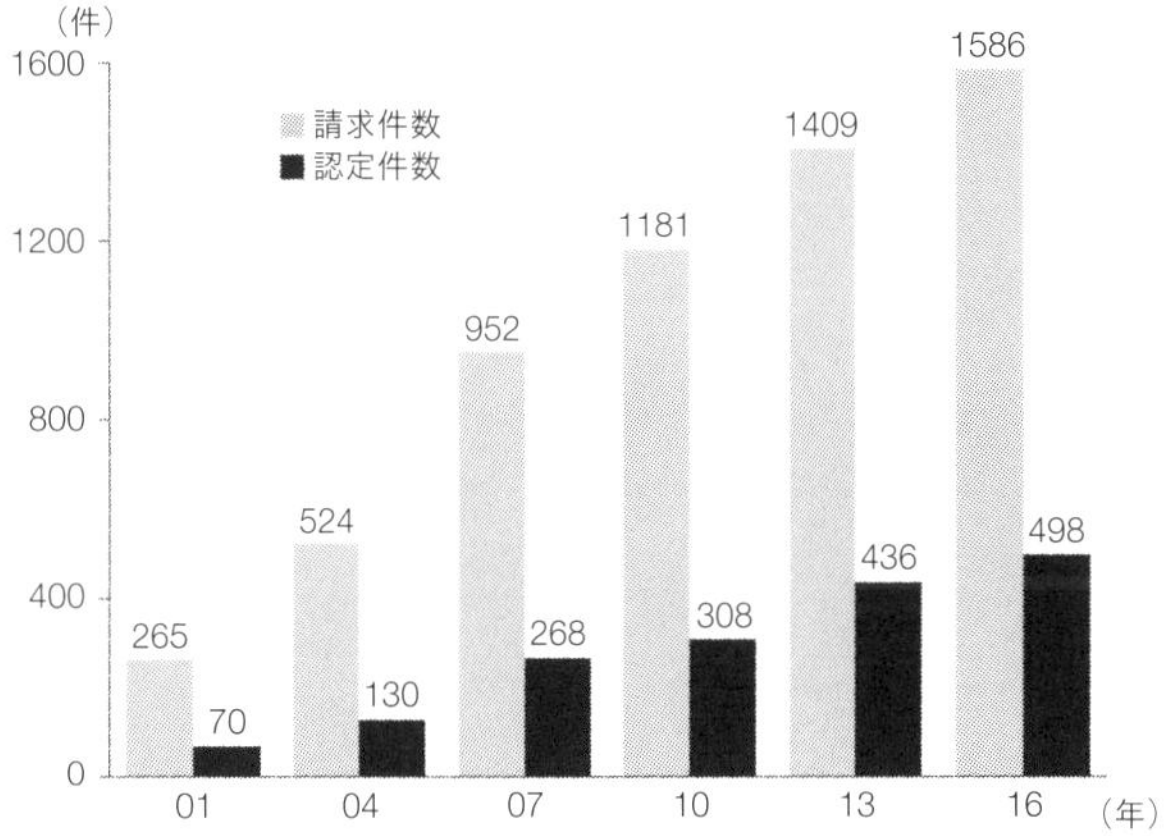

◉**図1-1** 厚生労働省「精神障害等の労災補償状況」(2017年) より

脳・心臓疾患の労災認定数はほぼ一定

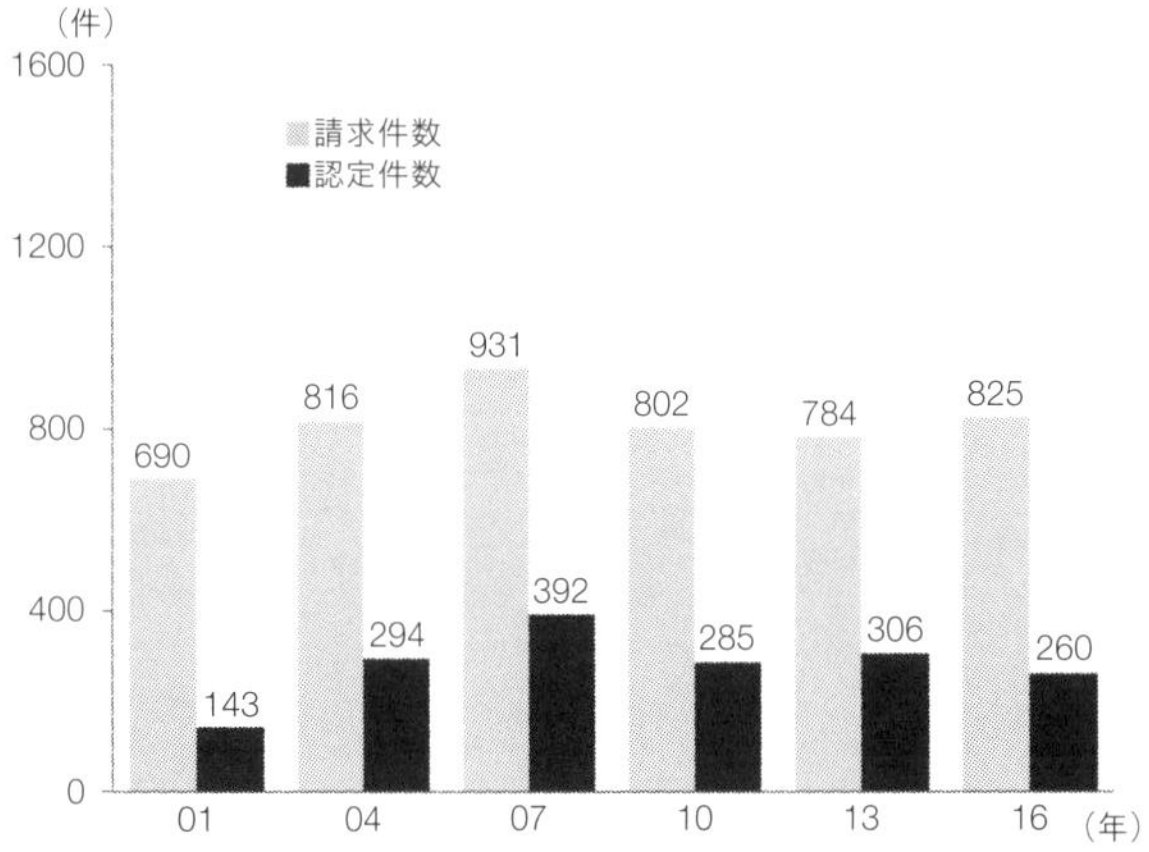

◉**図1-2** 厚生労働省「脳・心臓疾患の労災補償状況」(2017年) より

病で労災が認められた人は、このところほぼ一定になってきているのに、心の病による労災申請件数や労災認定患者数は、増加傾向に歯止めがかかっていないのです（図1）。

自殺者数そのものは二〇〇六年に自殺対策基本法がつくられ、社会的な対策が進んだこともあり減少傾向にありますが、それでも、『二〇一七年版自殺対策白書』によると、自殺死亡率（人口一〇万人当たりの自殺者数）は一八・五人（二〇一五年）と、先進七カ国の中で最も高くなっています。深刻なのは若者です。一五～三九歳における死因の第一位は自殺で、中でも二〇代後半は二位「がん」の三・八倍、二〇代前半も二位「不慮の事故」の二・九倍でした。厚生労働省が二〇一六年に行った自殺対策に関する意識調査によると、「生きていればいいことがある」に「そう思う」と答えた割合は二〇代が最も低く、わずか三七％でした。二〇〇八年の調査では六二％が「そう思う」と回答しており、八年間で大幅に減少しています。

いったい、これはどういうことなのでしょうか。筆者が思うに、自分に自信がなく、将来への希望ももてず、何のために生きているのか分からなくなっている若者が増えているのではないでしょうか。内閣府の「我が国と諸外国の若者の意識に関する調査」（二〇一三年）を読むと、そんな若者像が浮かび上がってきます[*2]。

この調査は、日本、韓国、アメリカ、イギリス、ドイツ、フランス、スウェーデンの七カ国の一三歳から二九歳までの若者一〇〇〇人を対象に、二〇一三年末に行われました。男女、年齢区分の構成比は、どの国もほぼ同数になっています。

質問:私は自分自身に満足している

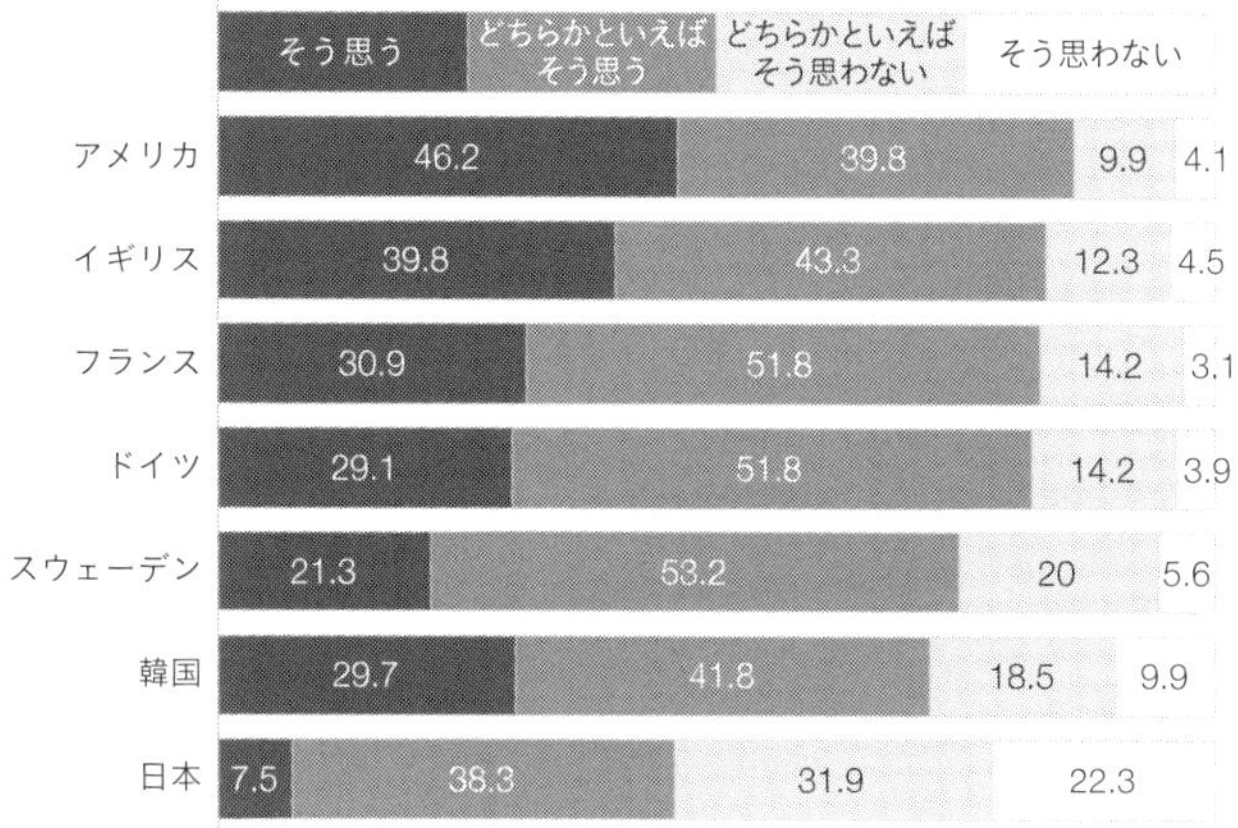

◉**図2**　内閣府「我が国と諸外国の若者の意識に関する調査」（2013年）より

調査結果は、筆者には衝撃的でした。「自分自身に満足している」に「そう思う」と答えた割合は七カ国中、日本の若者が最も少なく、しかも極端に少なく、わずか八％しかいませんでした（図2）。日本の次に少なかったのはスウェーデンで二一％でした。一番多かったのはアメリカの若者で四六％、次に多かったのがイギリスで四〇％です。「親から愛されている」と思っている若者も、日本が最も少なく三五％でした。次に少なかったのが韓国で、四九％でした。自分にどの程度誇りをもっているのか、「明るさ」「やさしさ」「忍耐力・努力家」「賢さ・頭の良さ」など一〇項目について聞いたところ、「誇りをもっている」と答えた割合は、すべての項目で日本の若者が最も少なかったのです。

これらの結果の解釈には注意が必要です。

西洋と東洋の文化の違いなどが、アンケートへの答え方に反映している可能性があるからです。「自分に誇りをもっている」と答える割合が、アメリカの若者がほとんどの項目で最も多かったことが、その可能性を示しています。韓国の若者も、自分に誇りをもっていると答える人の割合が少ないです。東洋の若者は、控えめに答えることを美徳と考えているのかもしれません。しかし、仮にそうだとしても、「誇りをもっている」と回答する割合が、日本は他国と比べて極端に少ないように感じます。「明るさ」に誇りをもっている若者は日本で一六％なのに対し、日本の次に少なかった韓国でも二八％いました。「やさしさ」に誇りをもっていると答えた若者は日本で二一％、二番目に少なかった韓国は三一％です。「賢さ・頭の良さ」は日本が九％、やはり二番目に少なかった韓国は二一％です。容姿にいたっては、誇りをもっていると答えた日本の若者はわずか四％、二番目に少なかった韓国では、一二％の若者が誇りをもっていると答えています。やはり、日本の若者は自分に自信がないように見受けられます。

調査では、この解釈を裏付ける結果が出ています。

「自分への満足感」と関連の高い項目を統計学的に検討したところ、日本では、「自分は役に立たないと強く感じる」若者ほど、「自分への満足感」が低かったのです。また、「人は信用できない」と考えている若者ほど、「自分への満足感」が少ないことも分かりました。日本以外の国では、このような傾向はあまりありませんでした。つまり、日本の若者には、他の六

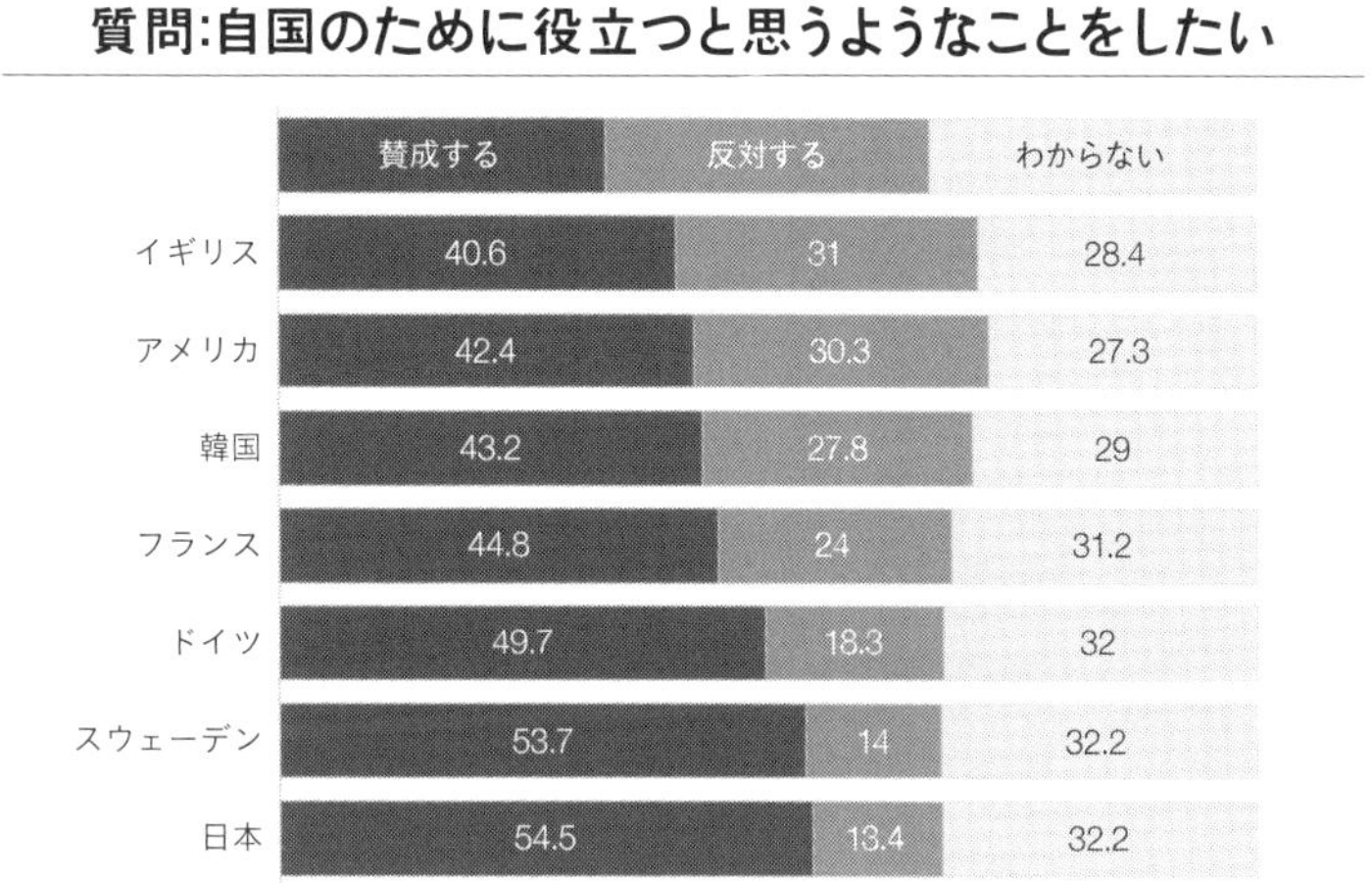

●図3　内閣府「我が国と諸外国の若者の意識に関する調査」（2013年）より

カ国の若者にはない特徴があるのです。それは、日本の若者は、人の評価を気にし、他人と良好な人間関係を築き、周囲に認められることに自己肯定感を感じているということです。それは、「自国のために役立つと思うようなことをしたい」と答えた若者は、七カ国の中で日本が五五%と最も多かったことからも、うかがえます（図3）。

しかし、悲しいことに、「私の参加により、変えてほしい社会現象が少し変えられるかもしれない」と考えている若者の割合は、日本が最も低く六%でした（図4）。将来への希望を聞いたところ、「希望がある」と答えた若者は一二%と七カ国中、最低でした。社会に対する満足度を聞いたところ「満足」と答えた若者は三%、「自国の将来は明るいと思う」と回答した若者は同じく三%で、いずれも七カ

質問:私の参加により、変えてほしい社会現象が少し変えられるかもしれない

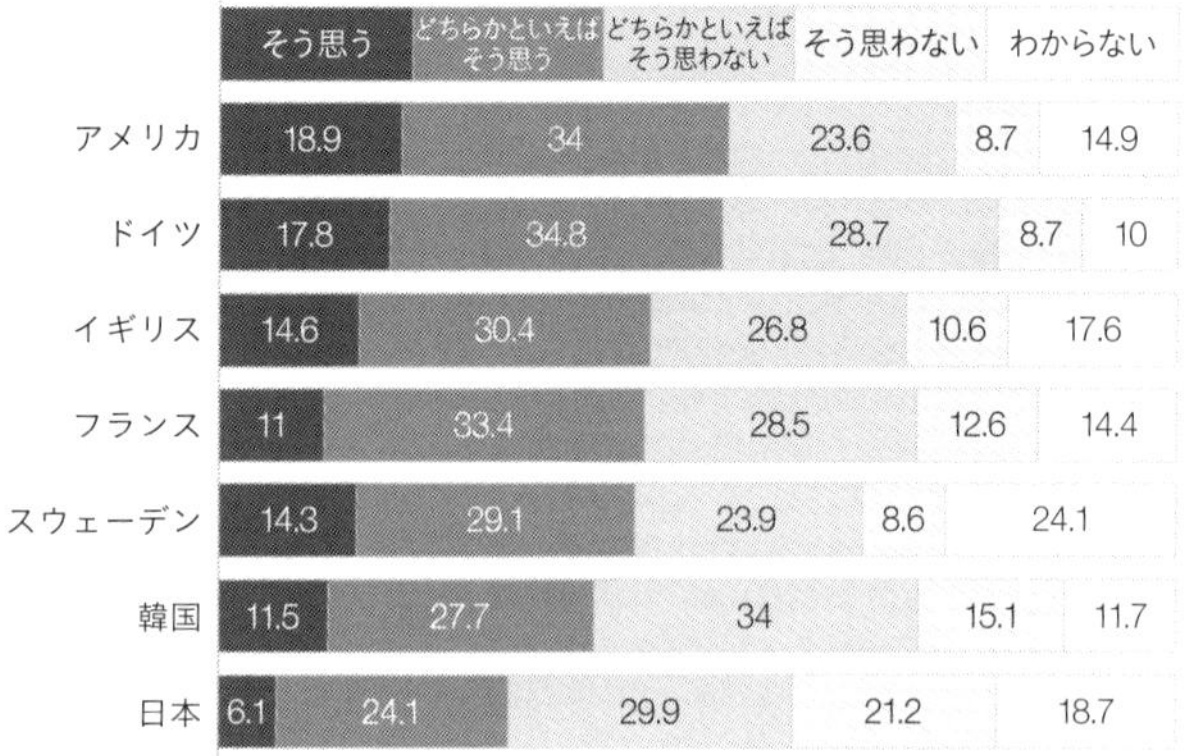

●**図4** 内閣府「我が国と諸外国の若者の意識に関する調査」(2013年) より

国中最低です。

日本の若者は、人の役に立ちたい、人に認めてもらいたいと思っているのに、なかなか自分の努力は認められず、社会は一向にいい方向に変わらず、将来にも希望をもてないから、何のために生きているのか分からなくなり、自分に自信がもてなくなっているのではないでしょうか。筆者には、そう見えます。就職活動がうまくいかなかったり、雇用が不安定だったり、長時間労働など労働環境が厳しかったりすることが、こうした状況に拍車をかけているようです。「いまの職場に満足している」と答えた日本の若者は一一%で、またしても七カ国中最低でした。パートタイムや派遣社員、契約社員など非正規雇用者ほど、「自分への満足感」が低いことが確認されています。

若者が夢をもてなくなった現代社会。奇跡的な高度経済成長を遂げ、世界に例を見ないスピードで少子高齢化が進む日本は、時代の転換期に来ているように思います。それも、いまだ人類が経験したことのない大きな転換期に。なのに、社会がその変化に対応できず、多くの日本人が不満を感じ、将来に不安を感じている。そのことを、若者の不安感が教えてくれているような気がしてなりません。この章では、日本がどのような時代の転換期にさしかかっているのか、そして、なぜ多くの日本人が不安を感じるのかについて考えていきたいと思います。

社会的動物としての不安

ヒントになるのは、毎日の暮らしの中で感じる「幸福感」です。

欧米、日本を含めたアジア諸国、中南米など、途上国を含む世界四五カ国で行われた調査で、ある程度の経済的豊かさを獲得すると、多少収入が増えたとしても、その人の幸福度はたいして増えないことが示されています（Easterlin RA et al., 2010）。裏を返せば、すでにある程度裕福になった人は、多少収入が減ったとしても、幸福感にはたいした影響がないということです。幸福感は年収八〇〇万円、人生評価は年収一〇〇〇万円で飽和状態になる、との調査もあります（Jebb AT et al., 2018）。

二〇一八年に国連が発表した「世界幸福度ランキング二〇一八」によると、日本の幸福度は前年から三つ順位を落とし五四位でした。上位五カ国中四カ国を、フィンランドなど北欧の国が占めました。この調査では、幸福度の高い国ほど、幸福感に影響を与えそうな要因が、「一人当たりの実質国内総生産（GDP）」以外にあることが分かりました。やはり、経済的豊かさだけでは幸福感は得られないということです。調査では、「地域の絆」「人生の選択の自由さ」「他人への寛大さ」といった要因が、幸せを感じられるかどうかに影響していることが示されています。

答え方に文化の違いが影響している可能性があるので、順位そのものは、あまり気にしなくていいかもしれません。調査対象者への質問は、「いまの幸せは〇〜一〇で言うとどれくらいですか」というもので、答えの国ごとの平均値で順位をつけています。日本人は「五」を基準にして答える傾向があるそうです。一方、中米のコスタリカではまず「一〇」と答える人が多いといいます。今回の調査では、コスタリカは一三位と上位にランクインされています。このように、幸福感はあくまでその人の主観で、文化的背景などに左右されます。

しかし、同じ日本人同士で、過去と現在で、幸福感に違いがあるかどうかは、いまの社会のあり方を考えるうえで参考になると思います。日本人の主観的な幸福感について、二〇〇五年から二〇〇七年のデータと二〇一四年から二〇一六年のデータを比較すると、〇・四四七ポイント低下していました。幸福度のポイントが九年間で上がった国から下がった国へと順番にランク付けすると、日本は一〇六位でした（「世界幸福度ランキング二〇一七」による）。「自殺しないで生きていればいいことがある」と思える若者が八年間で激減したように、日本人全体の幸福度も九年間で急落したのです。

二〇〇五年に行われた別の調査では、他人への一般的な信頼感が強い国の人ほど、自己申告した幸福度が高いことが報告されています（Zak PJ, 2005）。スウェーデンやデンマーク、ノルウェーなど北欧の国が高く、やはり、その国の経済的な豊かさは幸福感に結びついていませんでした。

なぜ、ある程度、経済的に豊かになり、衣食住が足りてくると、そこから先は金銭以外のもの、特に人と人との信頼関係が幸福感に関係してくるのでしょうか。このことは、現代の若者が人の評価を気にし、人間関係に不信感を抱いている若者ほど自己肯定感が低いこととも関係しているように思います。

ある程度、経済的に豊かでないと幸せを感じにくいことは、誰もが納得することだと思います。世界中どこの国も、経済が発展し、物質的な豊かさを手に入れるにしたがって、健康状態が向上することが知られています。第二次世界大戦後の日本の高度経済成長が、そのことをよく示しています。経済的に貧しい国では、国民一人当たりの実質国内総生産（GDP）が上がれば上がるほど平均寿命が延びることが、社会疫学の調査で分かっています。社会疫学とは、病気をもたらす社会的な要因を科学的に明らかにする学問です。寿命が延びる主な要因は、経済成長によって上下水道が整備されて衛生状態が改善されることに加え、栄養状態がよくなり身体に抵抗力がつくことで、感染症による乳幼児の死亡率が大幅に減少することなどが理由です。途上国で平均寿命が短いのは乳幼児死亡率が高いからで、命を落とす主な原因は、感染症です。経済成長によって生活にゆとりができ、教育水準が向上することも、平均寿命を押し上げます。病気の予防が容易になるからだと考えられています。

食べるのに精一杯で健康状態に不安があれば、幸福感を得にくいのは当然ですね。イギリスでは、二〇世紀に入ってからの最初の二〇年間に、平均寿命が一二年も延びたそうです。一八世紀末のイギリス人が摂取していた平均カロリーは現在のインドと同水準で、フランスはもっと少なく現在のルワンダ程度だったとのことです。経済が成長し社会が豊かになるまで、つまり、人類の長い歴史の中で多くの人が抱えていた共通の不安は、絶対的貧困（飢え）に対する不安といえるでしょう。

格差社会では「勝ち組」の健康も悪化する

ところが、国が豊かになり、最低限必要な生活必需品をもたない人がほとんどいなくなってくると、国民一人当たりのＧＤＰのような平均生活水準の尺度と健康の間の関係は弱まっていきます。経済発展によって社会が豊かになると、国民の平均収入がそれ以上に増加しても健康水準はあまり向上しなくなるのです。社会疫学の重鎮、ウィルキンソンらの研究によると、世界で最も豊かな二五カ国の間では、経済的豊かさと健康水準の間にはまったく関係

所得格差が激しい都市では死亡率が高い

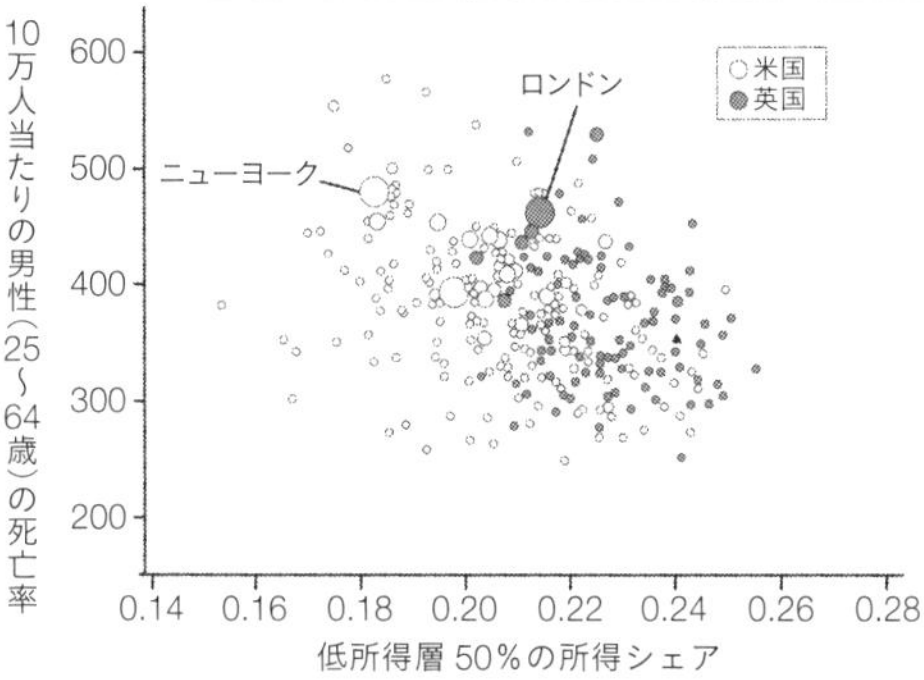

◉**図5-1** 米国と英国での人口5万人以上の都市における労働年齢の男性の所得格差と死亡率。このグラフは、所得格差が激しい都市ほど死亡率が高く、所得格差が少ない都市ほど死亡率が低いことを示している。Ross NA et al., 2005を改変

所得格差が少ない都市では死亡率が低い

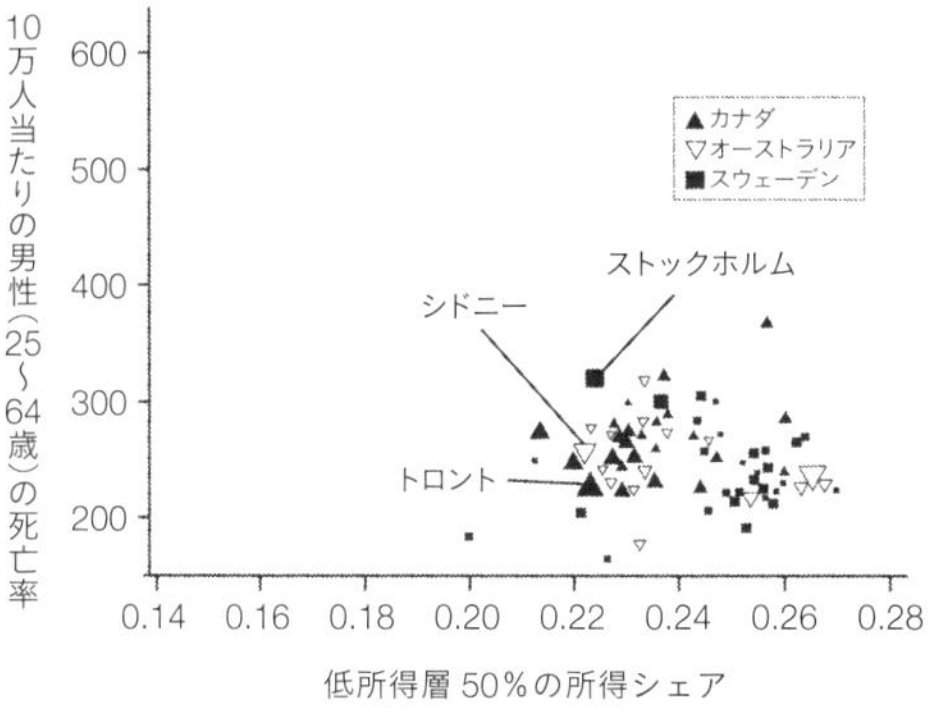

◉**図5-2** カナダ、オーストラリア、スウェーデンでの人口5万人以上の都市における労働年齢の男性の所得格差と死亡率。所得格差が少ないこの3カ国では、死亡率も低い。Ross NA et al., 2005を改変

がありませんでした。むしろ、逆の相関関係がありました。典型的なのがアメリカです。アメリカは世界で最も経済的に豊かな国の一つですが、アメリカの平均寿命は、他のほとんどの先進国より短く、平均所得が半分のギリシアより短いのです。

なぜ、衣食住が足りてくると、それ以上、経済的に豊かになっても健康水準は向上しなくなってくるのでしょうか。

ウィルキンソンらが、所得格差と健康水準との関係を調査した一六八の論文を確認したところ、圧倒的多数の論文が、平等な社会ほど健康で、不平等な社会ほど人々の健康状態が悪化していることを指摘していました（Wilkinson RG and Pickett KE et al., 2006)。たとえば、二〇〇〇年に発表されたロスの論文によると、アメリカの五〇の州とカナダ各州それぞれの人口一〇万人当たりの死亡率は、所得格差が少ない州ほど低くなることが分かりました（Ross NA et al., 2000)。最も健康な州は、最も平等な州だったのです。最も経済的に豊かな州ではありませんでした。ロスは、二〇〇五年にも次のような論文を発表しています。アメリカ、カナダ、イギリス、スウェーデン、オーストラリア五カ国の五二八都市（人口五万人以上の都市）の労働年齢の男性を調べたところ、所得格差が大きな都市ほど死亡率が高かったのです（Ross NA et al., 2005)。ニューオリンズやニューヨーク、ロンドンなど所得格差が激しいアメリカとイギリスの都市では全般的に死亡率が高く、シドニー、トロント、ストックホルムなど、所得格差が小さいカナダ、スウェーデン、オーストラリア三カ国の都市は、軒並み死亡率も低かったのです（図5）。

飢えという絶対的な貧困から解放された先進国での主要な健康問題とは、格差という相対的な貧困に関わるものだったのです。これまでは、飢えという絶対的な健康リスクの陰に隠れて見えなかった、他人と自分を比べたがるという社会的動物の習性から来る健康リスクが、飢えを克服することで目立ってきたということでしょう。

格差そのものが原因で人々の健康状態が悪化するという説には、異論がないわけではありません。個人の生活習慣を改善して心臓病やがん、糖尿病などを予防しようと啓発活動が行われていること自体、そのことを物語っています。「生活習慣病」という呼び方が、そもそも病気の原因は、偏った食事や運動不足、飲酒、喫煙など、本人の行いにあるというニュアンスを強く含んでいますね。

しかし、生活習慣だけでは、病気のなりやすさを十分説明できないことが分かっています。社会的地位の低い人たちには、地位の高い人と比べると心臓病が多く、喫煙やアルコールの過剰摂取、運動不足、肥満、高血圧など心臓病の危険因子も多いことが分かっています。しかし、これらの危険因子で説明できるのは、健康格差の三分の一以下に過ぎないと論文で指摘されています（Lantz PM et al., 1998）。禁煙プログラムや減塩指導には、短期的な効果があることは証明されていますが、長年にわたって継続できるかについては疑問符が付けられています（Hooper L et al., 2002; Anthonisen NR et al., 2005）。

健康格差があるのは、社会的地位の低い人ほど医療サービスを受ける機会に恵まれないからだとの指摘もあります。しかし、イギリスの公務員を調べたところ、公務員だから上級職でも下級職でも同程度の医療サービスを受けているはずなのに、下級職員の方が心臓病で死亡する人の割合が四倍も高いことが分かりました（Rose and Marmot, 1981）。ですから、医療サービスをどの程度受けられるかだけでは、格差による死亡率の高さは説明できないのです。

さらに、最近では、中高年以降に心臓病、糖尿病、脳卒中になりやすくなるかどうかは、母親の胎内にいるときと、生後三年間の環境によって決まってしまうという説が有力になってきています。糖尿病になりやすいということは、がんにもなりやすくなるということを意味します。これが本当ならば、どうやら本当らしいのですが、生活習慣病の原因は、本人の日ごろの行いにあるとは言えなくなってしまいますね。

ドーハッド説（生活習慣病**胎児期**発症起源説）と呼ばれるこの説は、早くも二一世紀最大の医学学説の一つとまで言われるようになっていますが、筆者がこれまでお話してきた「格差そのものが病気の原因になる」という考え方と一致しています。出生時の体重が少なければ少ないほど、中高年以降に心臓病、糖尿病、脳卒中になりやすいことが分かっています（図6）。そして、衣食住が足りている先進国で生まれてきた赤ちゃんの体重を左右するのは、妊娠中の母親のストレスだと考えられるようになっています。社会経済的格差は、必然的に家庭生活のストレスを増大させます。両親の別居、離婚の可能性も高まります。家庭不和などに

出生体重と成人後の虚血性心疾患の関係

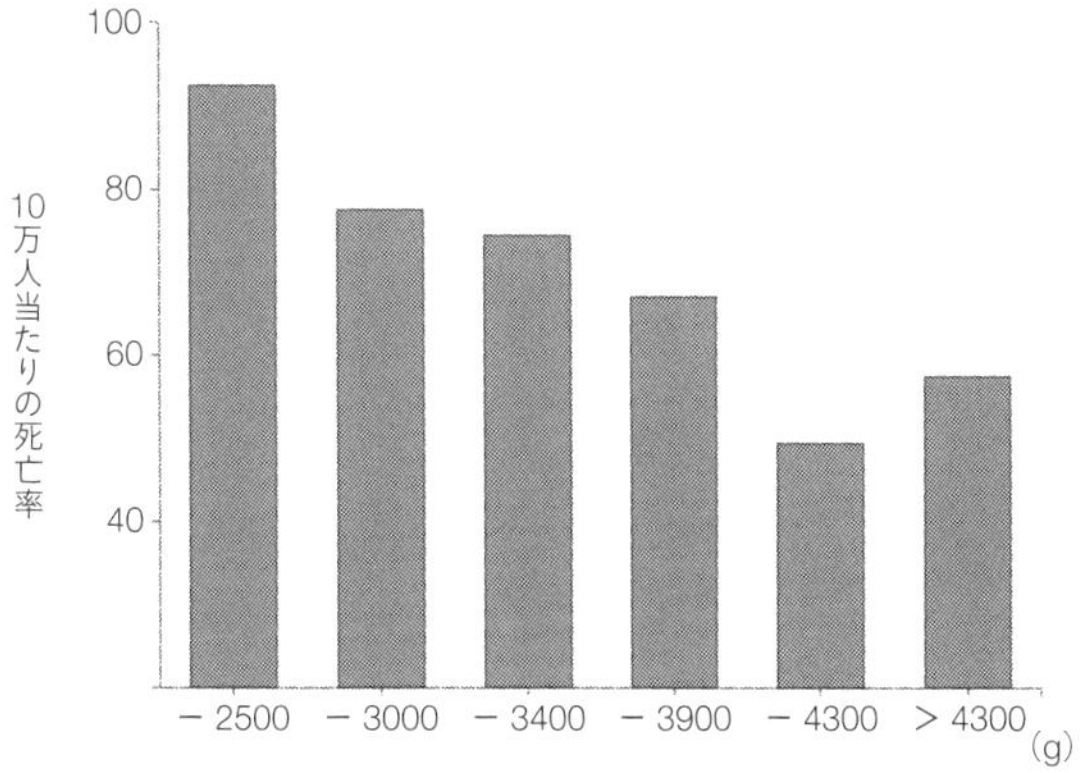

◉**図6-1** 出生体重が少ないほど、虚血性心疾患の死亡率が高くなる。Osmond C et al.（1993）を改変

出生体重と成人後のⅡ型糖尿病の関係

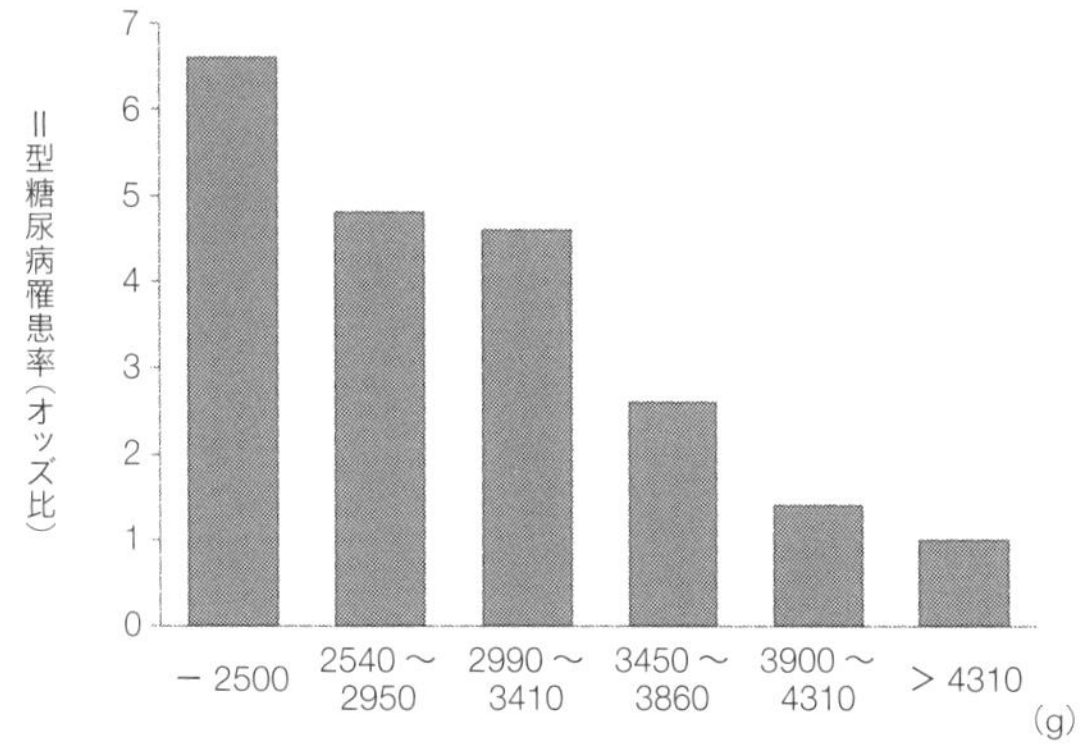

◉**図6-2** 出生体重が少ないほど、Ⅱ型糖尿病の罹患率が高くなる。Barker DJP（1995）を改変

よって高まった母親のストレスが、胎児の成長に悪影響を及ぼし、将来の生活習慣病へとつながっていくのです。

論争は完全に終結したわけではありませんが、このように、格差そのものが病気の原因になるという考え方が有力な説であることは、疑う余地のないことです。世界保健機関（ＷＨＯ）は二〇〇八年の報告書「一世代のうちに格差をなくそう——健康の社会的決定要因に対する取り組みを通じた健康の公平性」で、世界のすべての国において、社会の格差勾配に従って人々の健康状態は悪化していると指摘しています。

最近、健康格差という言葉を耳にするようになりましたが、所得格差などの格差問題は、経済問題にとどまらず命に関わる問題なのです。相対的貧困率という言葉もよく耳にします。相対的貧困率とは、イメージとしては人並みの生活ができずに、おそらく引け目を感じながら暮らしている人の割合のことです。[*3] 厚生労働省によると、二〇一五年の相対的貧困率は一五・六％、一八歳未満の子どもに限ると一三・九％でした（図7）。日本人の約六人に一人が、貧困状態にあります。特に母子家庭（一人親世帯）の貧困率は、五〇・八％ときわめて高い状態にあります。

諸外国と比べてみましょう。経済協力開発機構（ＯＥＣＤ）が発表した三六カ国のランキング（二〇一五年時点）では、日本の相対的貧困率は七位と世界的に見ても高い水準にあります。最も貧困率が低いのはデンマークでした。他の北欧諸国、スウェーデン（二七位）、ノルウェー

相対的貧困率の推移

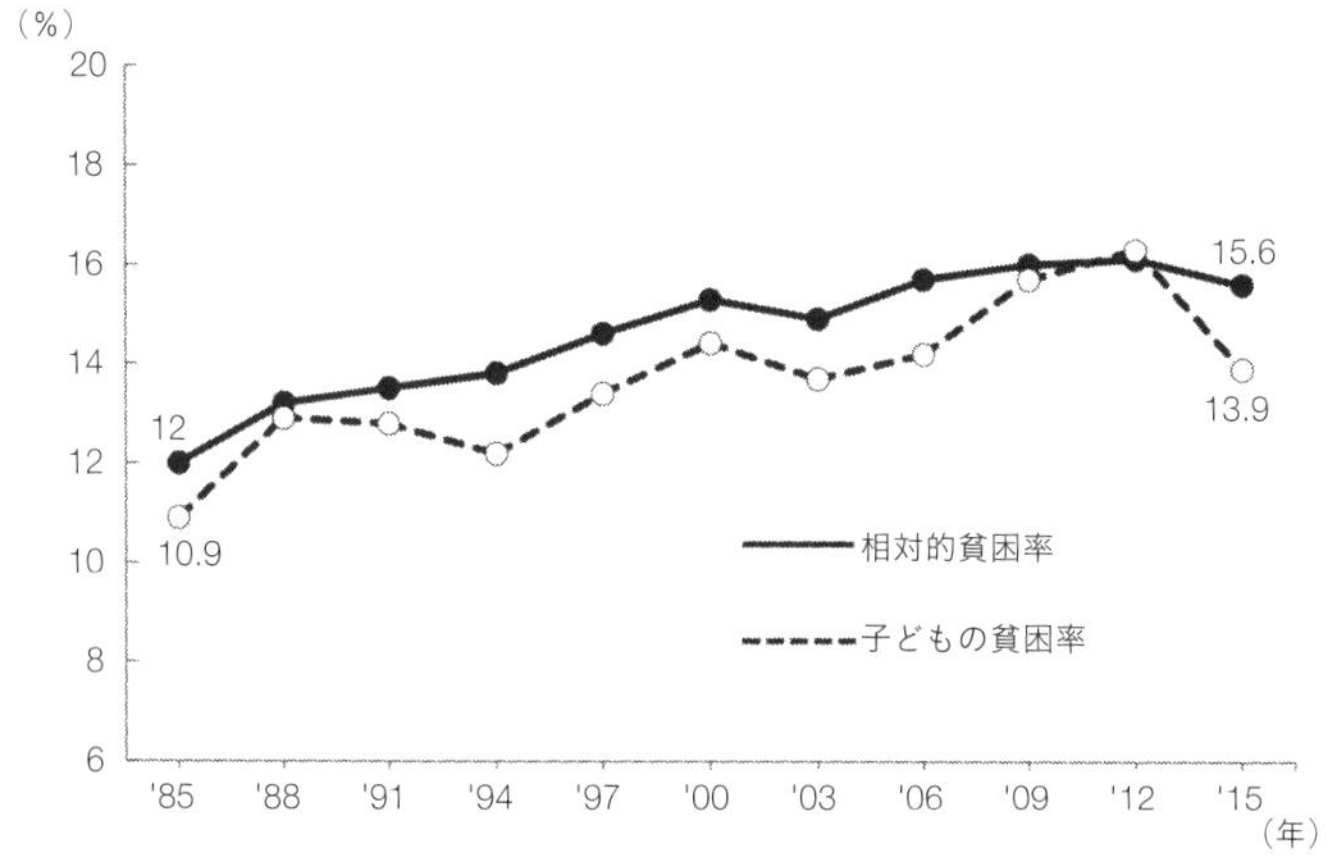

●**図7**　厚生労働省「平成28年　国民生活基礎調査の概況」(2017)より

(三一位)、フィンランド(三四位)の貧困率も低いです。一人親世帯の貧困率はOECD加盟国中、日本が最悪です。

　このように、世界的に見ても日本の相対的貧困率は高いのですが、高いのは貧困率だけではありません。男女格差も激しいです。世界経済フォーラムが二〇一七年に発表した「ジェンダー・ギャップ指数二〇一七」によると、日本の男女格差は一四四カ国中一一四位となり、過去最低だった前年の一一一位からさらに順位を落としました。一位はアイスランドで、やはり北欧諸国が上位五カ国中四カ国を占めていました。日本の激しい男女格差は、母子家庭の過半数が貧困にあえぐ大きな要因になっているに違いありません。

　一九六〇〜七〇年代の日本は、先進国の中で最も平等な国と言われていました。「一億総中流」と言われたこともあります。しかし、それはもはや完全に過去のできごととなってしまいました。日本の所得格差は、一九八〇年代から拡大し続けてきました。ジニ係数で見ると格差拡大は二〇〇〇年代に入ってからは横ばいになりましたが、相対的貧困率で見ると二〇〇〇年代以降も格差拡大に歯止めはかかっていません。ジニ係数と相対的貧困率は、ともに所得配分の不公平さを測る指標ですが、相対的貧困率の方が社会の中間層と貧困層の格差に、より敏感に反応する指標です。このまま格差拡大が続くようなら、世界最高を誇る日本の健康水準も近い将来、悪化するに違いありません。特に子どもの貧困率、母子家庭の貧困率の高さが気になります。先ほどお話したように、胎児・乳児期の貧困とそれにともなうストレスは、中高年期の生活習慣病の原因になる可能性が高いからです。いまきちんと対策を取っておかないと、五〇年後に糖尿病、がん、心臓病が急増、国民一人ひとりが負担する社会保障費も増大し、国全体が取り返しのつかない事態を招く恐れがあります。

もし、自分は「勝ち組」だから関係ないと思っている方がいらっしゃるとしたら、大間違いです。格差社会は、勝ち組の健康状態をも悪化させます。

日本の母子家庭貧困率は世界的にも飛び抜けて高く、男女格差も激しいことを紹介しましたが、女性に優しい社会では、男性の死亡率が低くなることが報告されています。日本人研究者のカワチらがアメリカで行った調査です（Kawachi I et al., 1999）。アメリカの五〇州で、女性の社会的地位と男性の健康水準の関係を調べました。カワチらは、女性議員の割合、男女間の賃金格差、女性の経済的自立度などを州ごとに数字化しました。その上で、男女格差とその州の男性と女性の死亡率の間に関係がないかを調べたのです。その結果、女性の社会的地位の高い州ほど、女性の死亡率が低いことが分かりました。ここまでは予想がつくことですが、なんと驚いたことに、女性の社会的地位の高い州ほど、男性の死亡率も低かったのです。女性の社会的地位の高い社会は、女性に優しい以上に男性に優しい社会だったのです。

なぜ、このようなことが起こるのでしょうか。

女性だけが不平等で、差別の対象となるというのは考えにくいことです。女性に差別的な社会は、男性同士も差別的で、勝ち組と負け組の競争が激しいはずです。勝ち組はいつ蹴落とされるか分からず不安になり、ストレスにさらされます。劣等感に苛まれた負け組男性は、今度は女性に対して「勝ち組」になろうとし、女性を差別的に扱うようになるはずです。自分の優位性を取り戻そうと男性間から男女間へと向かう下向きの差別の連鎖は、次は外国人やそれ以外の社会的弱者・少数者へと向かうことでしょう。

格差社会では人と人との信頼関係は失われ、殺人などの犯罪率、囚人の数は増加。さらに、社会全体の薬物使用量、精神疾患の患者数も増加する一方、数学や読み書きなど子どもの学力は低下し、一〇代の妊娠率が増加していきます（Wilkinson RG and Pickett KE, 2007）。その結果、社会全体の死亡率は上昇することになるのです。格差が激しい社会ほどアルコール依存症患者が多いだけでなく、社会全体のアルコール消費量が多いことが知られています。つまり、アルコール依存症予備軍が多い格差社会で本当に依存症を撲滅しようとしたら、単に依存症患者の治療を行うだけでなく、社会の格差そのものをなくす必要があるということです。

自分は貧困にあえいでいないからと言って、決して他人事ではないことがこれでお分かりいただけたと思います。情け(情動)は人のためならず。いつか自分に返ってきます。

二〇一三年に政府がまとめた報告書では、二一世紀の日本社会は、高度経済成長期の社会保障から転換する必要があることを説いています。*4 転換が必要な理由として挙げているのは、少子高齢化、家族や地域の支え合い機能の低下、非正規雇用の労働者の増加などの社会構造の急激な変化です。そして社会保障の大きな課題になってくるのが、雇用や子育て支援、低所得者・格差の問題だと指摘しています。いずれも、これまで指摘してきた課題ですね。多くの日本人がストレスを感じ、自信を失った若者が将来に希望をもてず、自殺者が減らない理由は、格差拡大にともなって健康格差が広がっているにもかかわらず、社会構造の変化が進まないことに対する閉塞感から来ているのではないでしょうか。

現代社会に蔓延する「不安」は、格差に対する不安と言っていいでしょう。不安は、生命の危機を知らせる警報です。日本社会は、経済成長によって飢えという絶対的貧困に対する不安からは解放されました。しかし、社会構造の急激な変化に対応することができず、今度は相対的貧困に対する不安をいかに解消するか、つまり格差をいかに是正するかが社会の中心課題となったのです。

2 なぜ格差で人が死ぬのか

ウサギもサルも格差が嫌い

ところで、相対的貧困が命に関わると言われても、いま一つピンと来ない方もいらっしゃることでしょう。そこで、なぜ格差が命に関わってくるのかについて、これからお話ししたいと思います。

実は人間だけでなく、ウサギも格差を嫌がることが、動物実験で確認されています（Heidary F et al., 2008）。よくこんな実験を思いつくものだと、筆者は感心させられました。

次のような実験です。通常の三分の一までエサの量を減らしたウサギを、二つのグループに分けました。一つ目のグループは隔離され、たっぷりのエサをもらえる仲間のウサギの様子が分からないようにされました。周りのウサギは、みんな自分と同じようにお腹を空かせたウサギです。二つ目のグループは、仲間のウサギが好きなだけエサを食べる様子を見たり、彼らの動き回る音を聞いたり、匂いを嗅いだりできる環境に置かれました。二つのグループを、この状態で八週間飼育した後解剖し、心臓の細胞にどの程度のダメージが出るか確認しました。すると、たっぷりのエサを食べて満足そうに暮らす仲間のウサギを見ながらひもじい思いをしながら暮らしていた二番目のウサギの方が、ただ単にお腹を空かせただけの一番目のウサギより、心臓にはるかに大きなダメージを受けていることが分かりました。両グループとも、減らされたエサの量は同じです。ダメージが大きくなった原因は、仲間と差を付けられること、つまり、格差によるストレスと考えられます。

マカクザルを使った実験でも、格差が原因で心臓にダメージを受けることが確かめられています（Shively CA and Clarkson TB, 1994）。実験では、格差による影響だけを調べるために、成熟した二つのグループのメスザルを、同じ敷地で生活させ、同じエサを与えることで、物質的な影響を極力抑えました。その上で、それぞれのグループの中で半分より上の地位にいる「勝ち組」のサルを集めて生活させました。そうすることで、半分のサルは、もともとは勝ち組だったにもかかわらず階級闘争に敗れ、「負け組」に転落することになります。その結果、低い地位に押し下げられた下半分のサルの間では、負け組として暮らしている間にアテローム性動脈硬化症が5倍に増加していることが分かったのです。

一方、最初のそれぞれのグループで下半分の負け組だったサル同士を一緒に生活させる実験も行いました。すると、負け組から勝ち組に昇格したサルは、ずっと負け組として暮らしていたサルより、アテローム性動脈硬化症の程度が半分以下と少なくなることが分かりました。

負け組で動脈硬化症が増える原因がストレスであることは、次の研究から明らかです。ストレス研究で著名なサポルスキーは、野生のヒヒでは、低い地位のヒヒの方が地位の高いヒヒよりストレスホルモン、コルチゾール（第1章で説明）の血中濃度が高いことを確認しています（Sapolsky RM, 1993）。このことは、低い地位のヒヒは地位の高いヒヒより日常的に強いストレスを感じていることを示しています。

ウサギやサルでさえ、格差が原因で不健康になるのです。より社会性が強い人間なら、なおさら大きなダメージを受けることでしょう。人から見下されていると感じる屈辱感、人より劣っているという劣等感、除け者にされているという孤独感は、慢性的なストレスの原因になります。クラスで一人だけ給食費が払えない子どもがいたとしたら、その子がその場で感じる疎外感、そして、おそらく一生引きずるであろう心理的、身体的ダメージはどれほどのものでしょうか。筆者は、子どもの貧困や母子家庭の貧困がメディアで取り上げられるたびに、ウサギの実験を報告した論文のダメージを受けた心筋細胞の写真を思い出します。子どもたちの心臓も、同じようなダメージを受けているに違いありません。

次に紹介するのは、人間を対象にした実験です。他人に否定的な態度を取られただけで、身体にダメージを受ける可能性があることが示されています（Dickerson SS et al., 2009）。健康な成人女性を集めて、人から冷ややかな目で見られながら作業をしたときとそうでないときで、生理的な変化が起きるかどうかを調べたのです。

実験協力者に課せられた課題は、五分間の制限時間内に算数の計算をした上で、どの程度正確に計算できたか、計算は難しかったかなど、作業内容についてスピーチしてもらうというものです。計算をしている最中には、制限時間を知らせる音が鳴るのですが、制限時間が近づけば近づくほど音が大きくなり、プレッシャーがかかるようになっています。実験協力者は二つのグループに分けられました。一方のグループは、計算中に学生二人に作業内容をチェックされます。学生は、批判的で、冷ややかで、実験協力者を拒否するような表情で接することになっています。もう一方のグループは、部屋の中に一人きりで置かれ、人の目を気にせずに計算できます。

すると、人の厳しい評価の目にさらされながら計算した人は、実験前と比べて血液中の炎症性サイトカイン濃度が上がっていることが分かりました。また、彼らは、「自分の作業はチェックしていた学生から高く評価されているはずだ」と思い込んでいました。一方、一人で黙々と計算していた人の炎症性サイトカイン濃度は実験前と変わらず、自己評価もさほど高くありませんでした。もちろん、計算の難易度は同じにしてあります。

この実験は、人は冷ややかな他人の目にさらされるだけで、ストレス反応が起き、血液中の炎症性サイトカイン濃度が上昇することを示しています。彼女らが計算をしている間、他人から高く評価されているはずだと感じていたのは、おそらく「人前で恥をかきたくない」という思いが強かったことの裏返しだと思われます。

このようなストレス状態が長く続いたとしたら、どうなるでしょうか。これまでは、動物や人間を使った実験室での実験結果を紹介しましたが、社会的格差によるストレスが原因で心臓病になり得ることは、実際の社会での調査で確認されています。

ここ数十年で東ヨーロッパや中央ヨーロッパで心臓病が急増する一方、西ヨーロッパでは心臓病が減少しているとのことですが、原因は分かっていないそうです。常識的な心臓病のリスク要因では、心臓病発生率の違いが説明できないのです。クリステンソンらの研究チームは、スウェーデンの都市リンショーピンと、リトアニアの首都ヴィリニュスに住む五〇歳の男性をそれぞれ九〇人ほど集め、なぜ、リトアニアの都市の方がスウェーデンの都市より四倍も心臓病の死亡率が高いのかを調べました。

実験では、男性に対して、過去の嫌な体験を六分間思い出させたり、面倒な計算を四分間、できるだけ早く、できるだけ正確に行わせるなどのストレスを加えました。そして、ストレスを加える前と後で、コルチゾールの血中濃度がどの程度変わるかを調べたのです。その結果、リトアニアの男性の方が、スウェーデンの男性よりストレス実験の前、つまり、普段からコルチゾールの濃度が高いことが分かりました。そして、通常ならストレスに反応して上がるコルチゾールの血中濃度が、リトアニアの男性の場合、ストレスが加わってもストレス実験前と比べてほとんど変わらないことが分かったのです（Kristenson M et al., 1998）。このことは、慢性的なストレスによってコルチゾールの血中濃度が高いままの状態が続いているために、HPA軸がコルチゾールに反応しにくくなり、ネガティブフィードバックがかからなくなっていることを意味します。第1章でお話しましたね。つまり、格差の激しいリトアニアの男性の方が、平等なスウェーデンの男性より日常的にストレスを感じていることを示しています。さらに、です。リトアニアでもスウェーデンでも、社会的階層が低い人の方が、社会的階層の高い人より実験前からコルチゾールの血中濃度が高く、ストレスによるコルチゾールの反応が鈍いことが明らかになりました。社会的格差には健康格差がともなっていて、心臓病になりやすくなることが、分子レベルで証明されたのです。

これまでお話してきたように、格差で病気になる主な原因はストレスと考えられます。不公平な社会に暮らす人ほど、強い不安を感じていることが報告されています。ヨーロッパ三一カ国、三万四〇〇〇人を対象にその国の所得格差と居住者が感じる不安の程度に相関があるかどうか調べたところ、所得格差が激しい国に住む人ほど強い不安を感じていて、国の所得格差が少なくなるにしたがってその国の居住者も不安をあまり感じなくなることが分かったのです (Layte R & Whelan C, 2013)。人々が強い不安を感じている国、上位三カ国は、マケドニア、ルーマニア、ポーランドでした。格差が激しいとされるイギリス人も、強い不安を感じていました。不安をあまり感じていない国、上位三カ国は、ノルウェー、オランダ、スウェーデンで、デンマーク、フィンランドもそれに続いており、やはり所得格差があまりない北欧の国の人は、不安を感じる程度も少ないことが分かりました。

不安情動は、交感神経系とＨＰＡ軸を活性化し、コルチゾールと炎症性サイトカインを血液中に放出させます。一時的に除け者にされただけなら、しばらくすればストレス反応は収まります。しかし、格差が解消されない状態が続けば、リトアニアの男性のようにHPA軸のネガティブフィードバックがかからなくなり、コルチゾールがダラダラと放出され続けることになります。その結果、第1章でお話したように、炎症性サイトカインの放出も止まらなくなり、全身の血管、臓器に慢性的な炎症が起こり、最終的には心臓病や脳卒中、アルツハイマーのリスクを高め、がんの進行や転移を早めてしまうと考えられます。

格差で人が死ぬ原因は、以上のように説明できます。

隣の人と比べたがるのはなぜ？

では次に、人だけでなくウサギまでもが、なぜそんなに仲間との違いを気にして、格差にストレスを感じてしまうのかについて考えてみたいと思います。ウサギの実験でも、仲間とエサの量で差をつけられたことを気にしなければ、それほどストレスを感じることもなく、心臓のダメージも少なく済んだはずです。ちょっと考えると、その方が生存に有利なはずです。気にしない方が楽なのに、つい気にしてしまうことってありますよね。格差を気にしない方がストレスを感じることなく気楽なように見えて、長い目で見ると、結局は気にしてストレスを感じた方が生存に有利になる秘密があるはずです。なぜなら、格差を気にしない個体の方が生存に有利なら、長い年月の間に、格差を気にする個体は淘汰《とうた》され、格差を気にしない個体ばかりが生き残っているはずだからです。

なぜ、格差が気になりストレスを感じる方が、生存に有利になるのでしょうか。人は孤立すると不安を感じます。仲間と一緒にいると安心します。格差は、人を社会の周縁に追いやることなので、ひと言で言えば「社会的排除」による集団からの孤立と言えるでしょう。格差の激しい社会ほど、暴力事件や殺人事件の発生率が高くなり、お互いに敵意を抱くようになり、人を信用しなくなり、人々の連帯感が乏しくなることが報告されています。一方、平等な社会ほど、ボランティア活動をする人が多くなり、地域の連帯が高まることも確認されています。

社会的動物にとって、孤立は死の恐怖を感じさせる事態です。なぜなら、より長く生存し、より繁殖に成功し、より多く子孫を残すために社会性を獲得したからです。集団からの孤立は、生存率の低下を意味します。仲間との良好な関係を維持することが、個体の生存、特に子どもの命を守るのに有利なことが、動物行動学者のシルクらによる野生のヒヒの生態観察で確認されています（Silk JB et al., 2007）。

ヒヒは集団を好み、複数のオスとメスが一緒に生活し、メスは生涯、産まれた集団で暮らすことが知られています（図8）。オスは、成熟すると産まれた集団を離れます。シルクらは、お母さんザルが他の大人のサルの近くにいる時間がどれくらい長いか、また、お互いに毛繕いする時間がどれくらい長いかを指標に、お母さんザルの「社交性」を評価しました。する

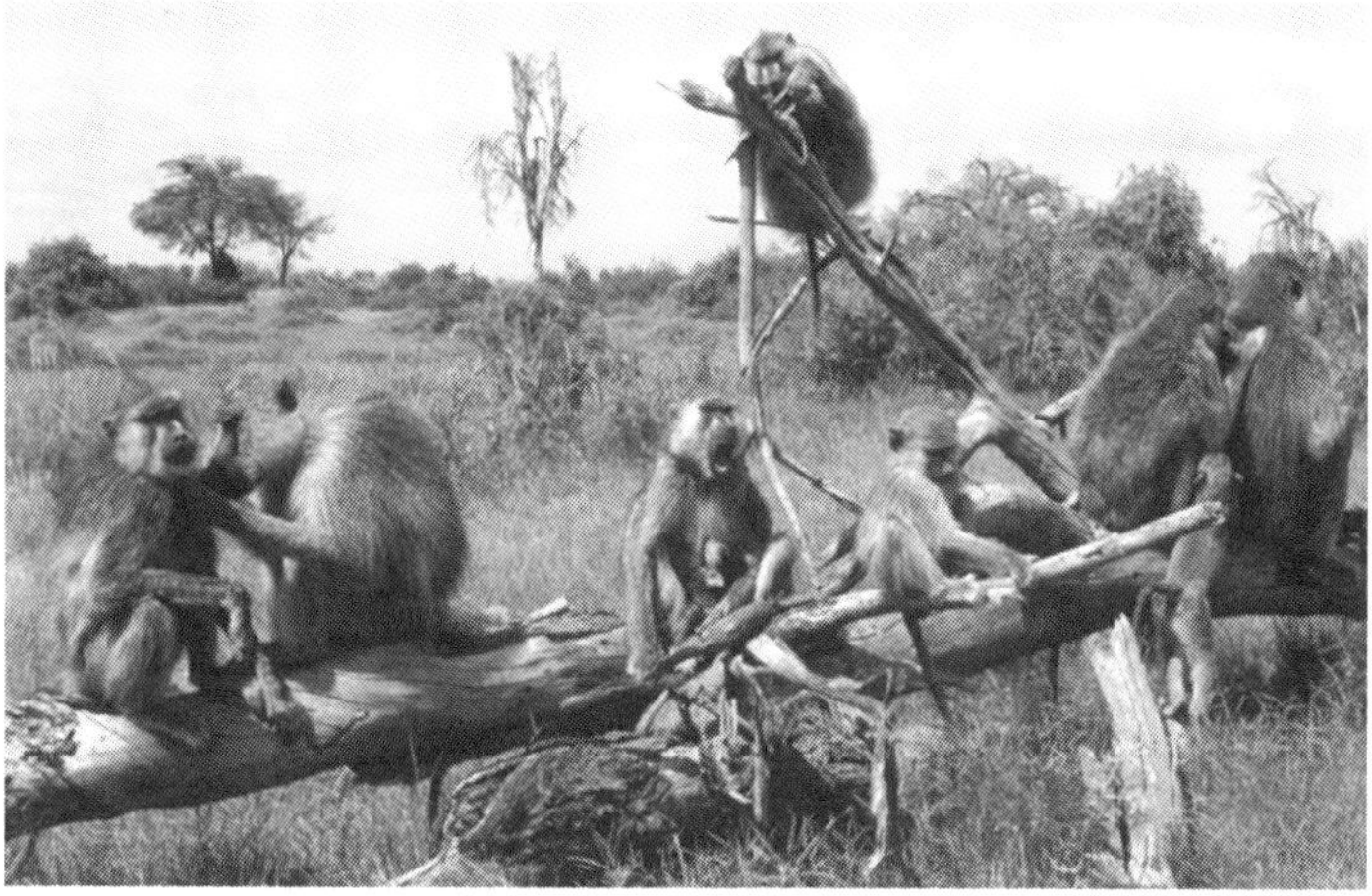

◉**図8**　集団で暮らすヒヒ。Silk JB, 2007より

と、他のサルといつも一緒にいて、毛繕いをし合う時間が長いお母さんザルの子どもほど、生存率が高いことが分かったのです。

　食糧の乏しい乾期は、食べ物を求めて動き回り、休む時間があまりなく疲れているはずなのに、それでも、仲間と毛繕いする時間を削ったりはせず、しっかりとコミュニケーションを取るそうです。特に、オスザルとのコミュニケーションが大事なようです。赤ちゃんを産んだばかりのお母さんザルは、外からやってきて群れに新しく加わったオスザルを恐れます。赤ちゃんザルの死因の多くが、そのようなオスザルによる子殺しだからです。オスザルと良好な関係を築いているお母さんザルの方が、そうでないお母さんザルよりコルチゾールの血中濃度が低いことが確認されています。そして、社交的なメスザルの方が周囲の協力が得やすくなるため、社会的地位が高くなります。社会的地位の高いメスザルは、そうでないメスザルと比べて早熟で、出産年齢が低く、より健康な子どもをたくさん産み、その子どもの社会的地位も高くなるそうです。お母さん自身も健康で長生きします。

シルクは、仲間と親密な関係を築くメスザルの子どもの方が、そうでないメスザルの子どもより長生きする理由として、①外敵に襲われにくい、②仲間との争いを避けやすいので食糧を手に入れやすい、③コルチゾールの血中濃度が低くストレスが少ない――ことなどを挙げています。

人間以外のサルのお母さんは毛繕いをして親密な関係を築き、協力して子どもを育てます。人間の場合、毛繕いに相当するのは、言葉によるコミュニケーションですね。人間が言葉によるコミュニケーションを発達させたのは、集団規模が大きいためだそうです。人間の集団規模では、他のサルのように毛繕いしていてはとても間に合わないので、毛繕いの代わりに言葉でコミュニケーションを取るようになったということです。公園デビューする人間の子育てママは、子どもを砂場で遊ばせながら、**言葉による毛繕い**を他の子育てママたちとしているのです。ある調査によると、人は会話の六〇％を親交のある人や自分の体験に関するゴシップに費やしているとのことです（Dunbar RIM, 1993）。いちいち自分で直接確認するより、効率よく仲間の情報を獲得しようと、人は言語能力を発達させたとも言われています。ヒヒも人間も、社会的動物に変わりありません。ヒヒのお母さんは新参者のオスを恐れると言い

◉**図9-1**　除染された公園で遊ぶ母子（福島市内で2018年3月撮影）。右奥に見える白い筒状の機器が、原発事故後、放射線量を測定するために通常のモニタリングポストとは別に、新たに設置されたリアルタイム線量測定システム。左奥に見える車両には、放射性物質による内部被ばくを測定するホールボディーカウンターが搭載されている。原発事故から7年経っても、なにげない日常の風景の中に、いまだに事故の爪痕が残っている

◉**図9-2**　リアルタイム線量測定システム。測定値は0.144マイクロシーベルト/時を示している。この値は、健康被害の目安として話題に上る実効線量ではなく、1センチメートル周辺線量当量。福島でも、ほとんどの人が誤解している。モニタリングポストの値は空気吸収線量。公衆被ばくの追加線量限度、1ミリシーベルト/年は実効線量。性質の異なる三つの値に同じ単位、シーベルトが使われており、情報不信の原因の一つになっている。

実効線量の値は、1センチメートル周辺線量当量の0.6倍。表示の0.144マイクロシーベルト（1センチメートル周辺線量）を実効線量に換算すると0.0864マイクロシーベルトになる。公衆被ばくの線量限度を大幅に下回っている。ただ、それでも事故前の福島市の放射線量（実効線量換算で0.028マイクロシーベルト）と比べると3倍の値。単位についての誤解が解けたとしても、この値の受け止め方は人によって異なり、家族・地域の分断の原因になっている

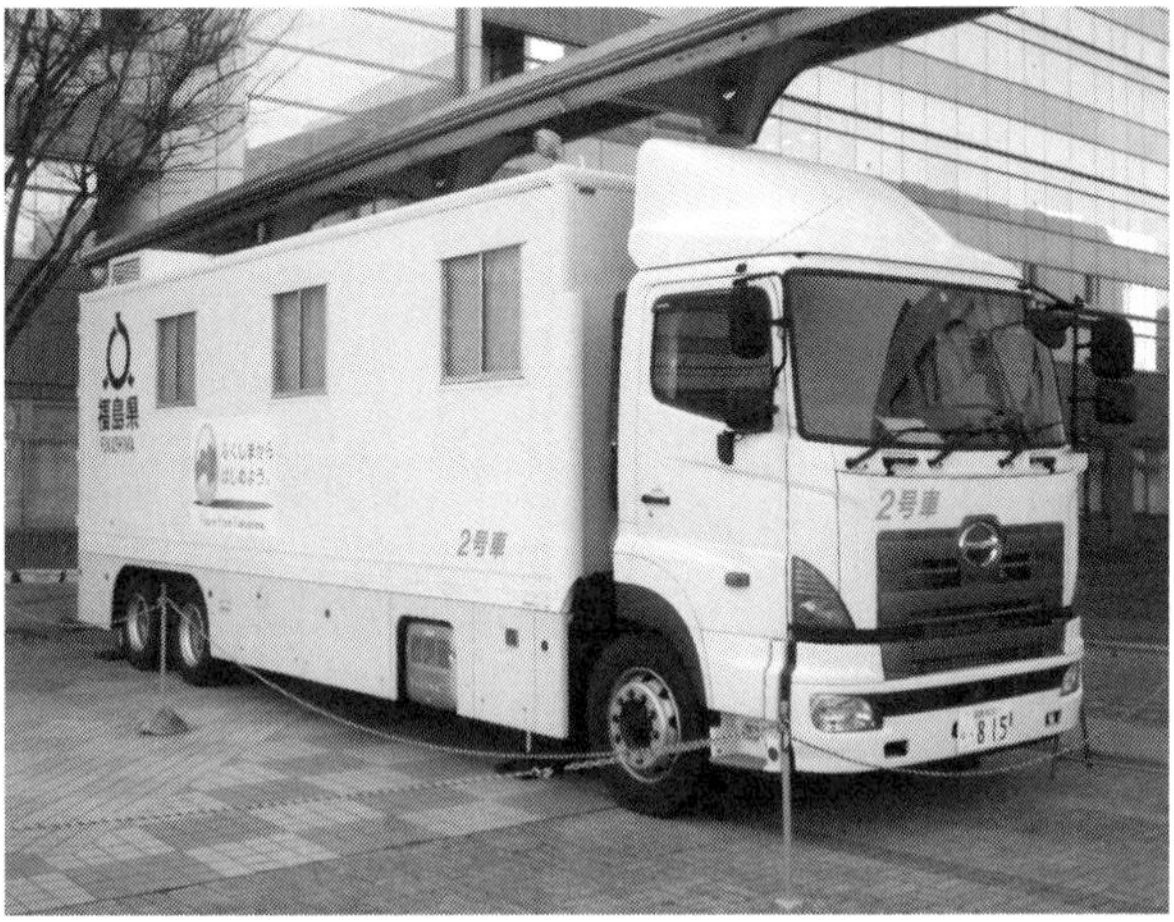

◉**図9-3**　内部被ばくを測定するホールボディーカウンター搭載車

ましたが、人間も同じです。妊娠中の女性は他人の顔の表情に敏感になり、特に男性の顔をよく覚えるようになるそうです（Anderson MV & Rutherford MD, 2010）。長い進化の歴史から考えても、最近の社会情勢から考えても、男性に脅威を感じているからに違いありません。サルも人間も、自分の子どもを守ろうとする親の気持ちは同じなのです。

筆者が暮らす福島市では、二〇一一年三月の福島原発事故以降、公園の砂場が降り注いだ放射性物質で汚染されてしまい、元気に遊ぶ子どもたちやベンチで子どもたちを見守るお母さんの姿が見られなくなってしまいました。しかし、公園を除染し、砂場の砂を汚染されていない砂に取り替えたからといって、元通りにはなりません。公園の砂場は、ネコのトイレではないのです。たとえ除染によって放射性物質がきれいに取り除かれたとしても、失われたものは砂場の砂だけではありません。子どもを取り囲む、お母さんたちやお父さんたち、保育園や学校の先生との関係、地域社会の人間関係が元通りに戻らなければ、事故前の生活が戻ったとは言えません。放射線に対する健康不安は、人によってさまざまです。不安の受け止め方の違いから、地域でさまざまな軋轢《あつれき》が生まれました。これまでお話してきたように、社会的排除、つまり、孤立や希薄な人間関係によっても子どもの健康は脅かされます。もちろん放射線量を下げることも重要ですが、放射線量だけで健康問題を片付けないでほしいです。

原発事故から何年も経ち、福島市や郡山市などでは、表面上は元通りの生活が戻ったように見えますが、引き裂かれてしまった地域の人間関係をいかに回復していくか、これからが正念場です。周囲の人に不信感を抱いている人が多い地域ほど、乳児死亡率が高くなると報告されています（Kawachi I et al., 1997）。地域の分断そのものが、子どもの命を脅かしていることを忘れないでほしいです（図9）。

さて、ヒヒのお母さんも、人間のお母さんも、子育てのために、仲間との付き合いを大切にすることを見てきました。それは、仲間からの孤立が、子どもの命に関わるからですね。生物は、本能として自分の遺伝子を残そうとします。子どもを守るために仲間との付き合いを大切にするのは、自分の遺伝子をより確実に残すために、社会的動物として進化してきた人間の本能と言えるでしょう。孤立や格差という社会的排除を恐れ、不安を感じ、身体の中でストレス反応が起きるのは、自分や子どもの命を守るための警報として必要な反応なのです。情動反応は、私たちに生存に有利か不利かを知らせ、安全な方向に導いてくれます。生存に不利なら不安を感じます。有利なら安心します。不安を感じ、不快なストレス反応が起きるからこそ、ほとんど何も考えずに身体で感じる生理的な不快感を解消しようと、多少の煩わしさには目をつぶって、仲間と仲良くしようと努力するのです。仲間と一体感が得られたとき感じる安心感は、その努力に対するご褒美と言えるでしょう。これが、格差を気にしてストレスを感じる個体の方が、格差に無頓着で一人我が道を行く個体より生存に有利な理由です。

人類が社会的な動物として進化した劇的な証拠

自分や自分の子どもの命を守るため、人類が社会的な動物として進化した劇的な証拠があります。

人類やチンパンジー、ボノボ、ゴリラ、オランウータンといった霊長類では、集団規模が大きくなるにしたがって、脳に占める大脳新皮質の割合が大きくなることが明らかにされています (Dunbar RIM, 1992)。「理性的な判断を行う新皮質が霊長類の中で最も大きい人類は、最も理性的な生き物だ」と言いたくなりますが、第1章を思い出して下さい。情動反応の主役といえる扁桃体も、集団規模が大きくなるにしたがって大きくなり、人類が最大です (Barger

N et al., 2014)。さらに最近になって、社交的な人の方が、人付き合いの少ない人より扁桃体が大きいことも分かりました（Bickart KC et al., 2012)。

脳の大きさは、情報処理能力の高さと関係しています。たとえば、果物を主食にしているサルの方が、葉っぱを主食にしているサルより、身体の大きさとは無関係に大脳新皮質が大きいことが報告されています。一年中手に入る葉っぱと違って、果物を手に入れるためには、数ある植物の中のどの植物とどの植物が実をつけて、それぞれの植物の実がいつ、どの場所で食べごろになるかを覚えておく必要があります。果物を食べるサルは、必要な情報を記憶にとどめておくために脳を増大させたと考えられています。このように、脳が大きいほど、複雑な情報を処理できることを意味しています。

そして、新皮質と扁桃体が大きければ大きいほど、寿命も長くなることが分かりました（Allman JM et al., 1993)。脳が最も大きな人類は、集団規模も最も大きく、寿命も一番長いです。これが、自分や自分の子どもの生存率を上げるために、人類が社会的動物として進化した劇的な証拠です。外敵から身を守り、食糧を確保して、より長生きした上で、自分にふさわしい繁殖相手を見つけ、子どもを守り、より多くの子孫を残そうとするなら、より多くの仲間と助け合って暮らした方が有利になります。ただ、集団規模が大きくなればなるほど仲間との関係が複雑になるので、仲間との関係を維持するために、脳を大きくして多くの情報を処理する必要があったということです。これが、集団規模が大きいほど寿命が長く、脳が大きくなる理由です。

文明化し、高度に科学技術が発達した現代社会では、飢えをしのいだり、猛獣から身を守るために仲間と協力する必要は、特殊なケース以外ないでしょう。しかし、自分や自分の家族の命を守るために人の助けが必要なことに変わりはありません。いや、むしろ、絶対的な貧困を克服した現代社会だからこそ、社会的動物として進化し寿命を最大限に延ばしてきた人類にとって、社会的関係のちょっとしたほころびが、命に関わってくると言えるのではないでしょうか。社会的サポートの強弱が命を左右することを、以下に紹介する事例が示しています。

看護師不足や介護士不足がよく話題になりますが、医療従事者の人手不足は、患者の安全確保にとって重大な脅威となります。おそらく多くの人が思っているより、はるかに深刻な被害をもたらします。

たとえば、看護師一人当たりの受け持ち患者が一人増えると、外科手術後の患者死亡率が七%上がることが知られています（Aiken LH et al., 2003）。病院スタッフの不足は、待ち時間が長くなるだけでなく、命に直結する問題なのです。また、アメリカの一六八病院の整形外科と心臓外科で手術を受けた患者の容態を調べたところ、学士の資格をもつ看護師が一〇%増えると、患者の死亡率が五%減少することも分かりました。この調査では、学士の資格取得者の増加は、医療の質の向上の指標として使われています。このように、医療格差は命に直結します。

災害時には、社会的サポートの有無が命に関わってくることが、より一層はっきりとしたかたちで現れてきます。

福島原発事故後の健康被害がその好例です。避難生活を続けることで体調が悪化したことなどが原因で命を落とすことを震災関連死と言いますが、東日本大震災後の震災関連死の死者数は、福島県が突出して多くなっています。震災後の五年間で福島県は約二〇〇〇人と、宮城県より一〇〇〇人以上、岩手県より一五〇〇人以上も多いのです。なぜ、福島県だけこんなに多いのでしょうか。

原発事故後、福島県では放射性物質による被ばくを恐れた多くの人たちが、避難しました。ピークの二〇一二年五月には、一六万五〇〇〇人が福島県内外に避難しました。避難したのは一般の住民だけではありません。医師や看護師も避難しました。人口減少以上に医療従事者が少なくなり、しかも、福島市や郡山市、いわき市など、都市部の大病院に患者が集中したため、待ち時間が長くなり、予約が取りにくくなりました。人手不足から、医療従事者の労働条件も悪化しました。当然のことですが、人手不足と、それにともなう過労は、医療ミスの原因になります。困ったことに、避難したのは働き盛りの若い医師、看護師に多く、体力的に当直が困難な高齢の医師が残ったため、救急救命医療は危機的な状態が続きました。診療所の数は、事故前の二〇一〇年一〇月から事故後の二〇一三年九月の間に六八カ所減少し、看護師は五四三人も少なくなりました。

先ほど、看護師一人当たりの受け持ち患者が一人増えると患者死亡率が七％上がる、とお話ししましたね。関連死の主な原因は、一般的には、避難所への移動や、長引く避難生活による肉体的および精神的な疲労、食習慣や運動不足など生活習慣の変化と言われていますが、これまで見て来たように医療崩壊が大きく関係している可能性を否定できる人は誰もいないでしょう。

医療崩壊と関連があるのですが、原発事故の責任があいまいにされ、被災者の救済が不十分なことが、被害を拡大させている可能性もあります。

自然災害より人災の方が、健康被害が大きくなることが分かっています。たとえば、一九九四年にバルチック海で発生したエストニア号沈没事故では、八五二人が死亡し、事故後一四年が経っても生存者の二七％にＰＴＳＤ（心的外傷後ストレス障害）の症状が見られました。健康影響が長引いていることについて、調査した専門家は、「被害者の救済に関してあいまいな状況が長引いていることが、ＰＴＳＤからの回復の遅れと関連している可能性がある」と指摘しています（Arnberg FK et al., 2011）。なぜなら、この事故をめぐっては、事故原因について、五八三人と最大の犠牲者を出したスウェーデンが「構造上に欠陥があった」と指摘したのに対し、カーフェリー製造元のドイツは「メンテナンスに問題があった」と反論、国を挙げての論争（責任のなすり合い）が続いたからです。

福島原発事故でも、原子力政策を進めてきた国と東京電力の事故責任はあいまいにされたままです。また、国は二〇一二年子ども被災者支援法[*5]を制定し、自主避難者に対する支援を約束したのですが、二〇一五年に基本方針を改定し、支援を縮小、撤廃することを明記しました。実際に、自主避難者に対する住宅の無償提供が二〇一七年三月に打ち切られました。条文に明記されていた子どもに対する生涯にわたる健康診断の実施、医療費の減免措置は、いまだ検討すら行われないままです。社会的サポート不足が、岩手県や宮城県と比べ、福島県で被害が拡大した状態が続いている原因である可能性が高いです。

災害は弱者を襲う、とも指摘されています。

福島県の中でも極端に原発事故の影響を受けた地域の一つが、太平洋沿岸の南相馬市です。南相馬市の多くは、福島第一原発から半径三〇キロ以内にあります。事故直後の二〇一一年三月一五日、第一原発から二〇～三〇キロ圏内に屋内退避指示が出されました。民間企業が一五日以降、半径五〇キロ圏内を立ち入り禁止にしたため、当時七万人以上が生活していた南相馬市への物流がストップ、ガソリン、食料、医薬品は底をつきました。ドクターヘリも、救急車も、災害時に活動する医療チームも入って来なくなりました。マスコミも撤退したため外への情報発信がなくなり、南相馬市は文字通り、「見捨てられた地域」となりました。その結果、医療崩壊が起きたのです。二〇～三〇キロ圏内の老人介護施設の入居者死亡率が、事故直後に震災前の三～四倍に跳ね上がりました（Nomura S et al., 2013）。

南相馬の事例は、災害が発生して社会的サポートが途絶えてしまうと、真っ先に社会的弱者が被害を受けることを示しています。阪神淡路大震災では、「震災は平等に被害を与えたのではなく、それまで隠されていた格差社会や都市の貧困ともいえる社会問題を顕わにした」と、指摘されています（いのうえせつこ、二〇〇八）。二〇一〇年にメキシコ湾で発生した油田事故でも、社会的弱者の復興スピードが遅いことが報告されています（Chandra A and Acosta JD, 2010)。

一方、災害後の復興のスピードには、地域差があることが分かってきました。被害が大きければ復興に時間がかかり、被害の程度が小さければ早く復興できると思いがちですが、どうやらそうではなさそうです。たとえば、支援や義援金が集中する被害の中心部より、被害の程度が軽くても支援の届きにくい周辺地域の住民の方が、ＰＴＳＤ発症率が高いと報告されています（Wang X et al., 2000)。被災者の感じる「見捨てられた感」が、健康状態に大きな影響を与えたのだと思います。

また、災害からの復興と言うと、誰もが真っ先に思いつくのが水や食料、衣服その他の生活必需品の支援や、道路、電気、水道などのインフラ整備でしょう。しかし、復旧・復興が早い地域と遅い地域を比較すると、物質的支援の程度だけでは説明がつかないことが分かってきました。阪神淡路大震災を調査したアルドリッチによると、復興のスピードはその地域の「地域力」に左右されます（Aldrich DP, 2014)。家族、友人、知人といった身の回りの人たちとのつながり、専門用語で言うところのソーシャル・キャピタル、ひと言で言えば地域力が豊かな地域ほど、災害後の健康の回復、インフラ整備、コミュニティ回復のスピードが速いことが災害研究で指摘されるようになってきました。

阪神淡路大震災では、倒壊した家屋のガレキの中から救助された人の多くは、消防士や自衛隊員ではなく、近くに住む隣人によって助け出されたのでした。犠牲者のうち九六%は、地震発生直後の一時間以内に死亡していました。ですから、警察や消防が駆けつけたころには多くの場合、生死の決着がついており、生死を分けたのは、「あのおばあちゃんがここにいるはずだ」といった近所付き合いの有無だったそうです。神戸大学に留学していた途上国からの留学生も、死者の割合が高かったといいます。外国人で周囲に知人、友人が少なかったこと、古くて安いアパートに住んでいて倒壊した建物の下敷きになった留学生が多かったためと思われます。また、震災後に新しくできた特定非営利活動法人（NPO法人）の数が多い地域ほど、災害後の人口の回復が早いことが分かっています。

海外の事例では、孤立した人々は、救助される確率が低くなり、医療支援も受けにくくなることが報告されています。一九九五年のシカゴ熱波では、一人暮らしのお年寄りの死亡者数が最も多く、何日も発見されないケースが多かったそうです。また、同じレベルの貧困層でも、人々の結びつきが弱いコミュニティの方が、死者数が多いことが分かりました。

今回の東日本大震災では、仙台市近郊の岩沼市で高齢者を対象に行った調査で、人付き合しい地域の住民よりＰＴＳＤになるリスクが二五％低いことが分かりました（Hikichi H et al., 2016）。また、結束力の強い地域の住民の方が、弱い地域の住民よりＰＴＳＤ発症リスクが同じく二五％低いことも分かりました。調査対象者の四〇％近くが親族や友人を失っており、また、六〇％近い人が家屋に被害があったそうで、岩沼市は津波の大きな被害を受けた地域でした。

アルドリッチは、「地域住民同士で強い絆をつくったり、区長や消防団長の名前を知っておいたり、地域でボランティア活動をしたりすることは、水や食料などの救援物資を支援したり、インフラ整備をすることと同じくらい重要なことだ」と指摘しています。普段から「地域力」を高めておくことが、災害への備えになるということです。

これまで見てきたように、自分自身と自分の子孫の生存率を高めるために、人類は社会的動物として進化してきました。社会的動物にとって孤立は死を意味するので、仲間と協力し対立を避け「地域力」を高めなければなりません。仲間とうまくやっていくために必要な情報を収集し、学習し、記憶するために、人類は脳を巨大化させ、言葉によるコミュニケーション能力を身につけ、情報処理能力を向上させてきたのです。

社交的な人の方が、生命の警報装置である扁桃体が大きいことから分かるように、孤立したときの不安感が私たちに生命の危機を知らせてくれます。孤立した状態が解消されればいいのですが、孤立した状態が続くと、警報が鳴り止まず、慢性的なストレス状態となり、孤立することそのものが病気の原因となります。

アメリカとスウェーデンでの五つの研究から、人間関係が豊かな人は病気になりにくく、孤立している人ほど病気になり、死亡する確率が高くなることが示されました（House JS et al., 1988）。孤立した人は、死亡するリスクが平均すると二倍に高まっていました。論文では、原因はストレスによるコルチゾールの過剰放出によって心臓病になるリスクが高まる可能性について触れています。

心筋梗塞を起こした人の生存率が、周囲のサポートさえあれば三倍も高まるという報告もあります（Berkman LF, 1995）。この論文でも、周囲の人に寄り添ってもらうことで、コルチゾールと炎症性サイトカインの血液中の濃度の減少を促す生理的な変化が起き、心臓へのダメージが軽減する可能性について触れています。

ほかにも、社会的なつながりが健康状態に影響することを指摘する論文はたくさんありますが、友情が健康に及ぼす影響を調べたちょっと風変わりな実験を一つ紹介したいと思います。動物実験のような発想で、コーエンらが行った人を対象にした実験です（Cohen S et al., 1997）。

コーエンらは、一八歳から五五歳までの健康な男女二七六人を集め、彼らにインタビューし、どれくらい人間関係が豊かなのかを確認しました。人間関係の範囲を、配偶者、実の親、義理の親、友人、知人、職場の同僚、ボランティア仲間など一二の種類に分類し、二週間の間にどれくらいそれぞれのグループ内の人間と話す機会があったのかを一二段階で点数化したのです。その上で、彼らにライノウイルスという一般的な風邪ウイルスを鼻から垂らし、感染させました。そして、人間関係の豊かさの程度によって、ウイルスに感染しやすいかどうかに違いが出るかを調べたのです。結果は驚くべきものでした。人付き合いの少ない人は、多い人と比べると四倍以上も風邪の症状が出ていることが分かったのです。後日行った追加実験では、どうやら人付き合いの少ない人は、孤独によるストレスで免疫機能が変化してしまい、おそらく免疫力が低下して、ウイルスのダメージを受けやすくなっている可能性が高いことが示されました（Cohen S et al., 1999)。

普段意識することは少ないかもしれませんが、人と人との結びつきがいかに命に関わる大切なことなのか、病気や災害のようなピンチになったときのことを考えれば納得していただけると思います。それでは次に、どのようにして孤立を避け、仲間とうまくやっていけるように脳が進化してきたのかを、具体的に見ていきたいと思います。脳神経科学が筆者の専門です。目からウロコの物語は、これからが本領発揮です。

【注】

（1）厚生労働省（二〇一三）「平成二五年　国民生活基礎調査の概況」
（2）内閣府（二〇一三）「我が国と諸外国の若者の意識に関する調査」
（3）相対的貧困率をもう少し説明すると、おおよそは平均所得の半分に満たない世帯で暮らす人の割合のことです。この説明はあまり正確ではありませんが、詳しい定義は複雑で分かりにくいので、とりあえずイメージとして捉えておいて下さい。
（4）社会保障制度改革国民会議（二〇一三）「社会保障制度改革国民会議　報告書〜確かな社会保障を将来世代に伝えるための道筋〜」
（5）子ども被災者支援法：正式名称は「東京電力原子力事故により被災した子どもをはじめとする住民等の生活を守り支えるための被災者の生活支援等に関する施策の推進に関する法律」

第3章

進化する脳

伊藤浩志

1 痛み止めの薬が心のキズに効くわけ

脳の別々の場所で処理される「感覚的な痛み」と「情動的な痛み」

痛みには二種類あることを、ご存知でしょうか。刺激の種類の識別に関わる「感覚的な痛み」と、痛みがどのくらい不快なのかに関わる「情動的な痛み」の二種類です。不思議なことに、この二種類の痛みは、それぞれ脳の別の場所で処理されていることが分かっています。

感覚的な痛みとは、文字通り、包丁で指を切ったり、画びょうを踏んづけたりしたとき、指や足の裏が、くすぐったいのではなく、痛いのだと感じる感覚のことです。この痛みは体性感覚皮質で処理されて、身体のどの部分が、どのような刺激を受けているのか刺激の識別に関わっています（図1－1）。感情はともないません。

もう一つの情動的な痛みは、その痛みがどれだけ不快なのかに関わっています。第1章でお話したように、情動反応は生命の警報です。痛みが命に関われば関わるほど、「いやだなあ〜」という不快感を強く感じます。そして、前部帯状回（ACC）と呼ばれる進化的に古く、情動反応に関わる脳部位が強く反応すればするほど、不快感を強く感じます（図1－2）。

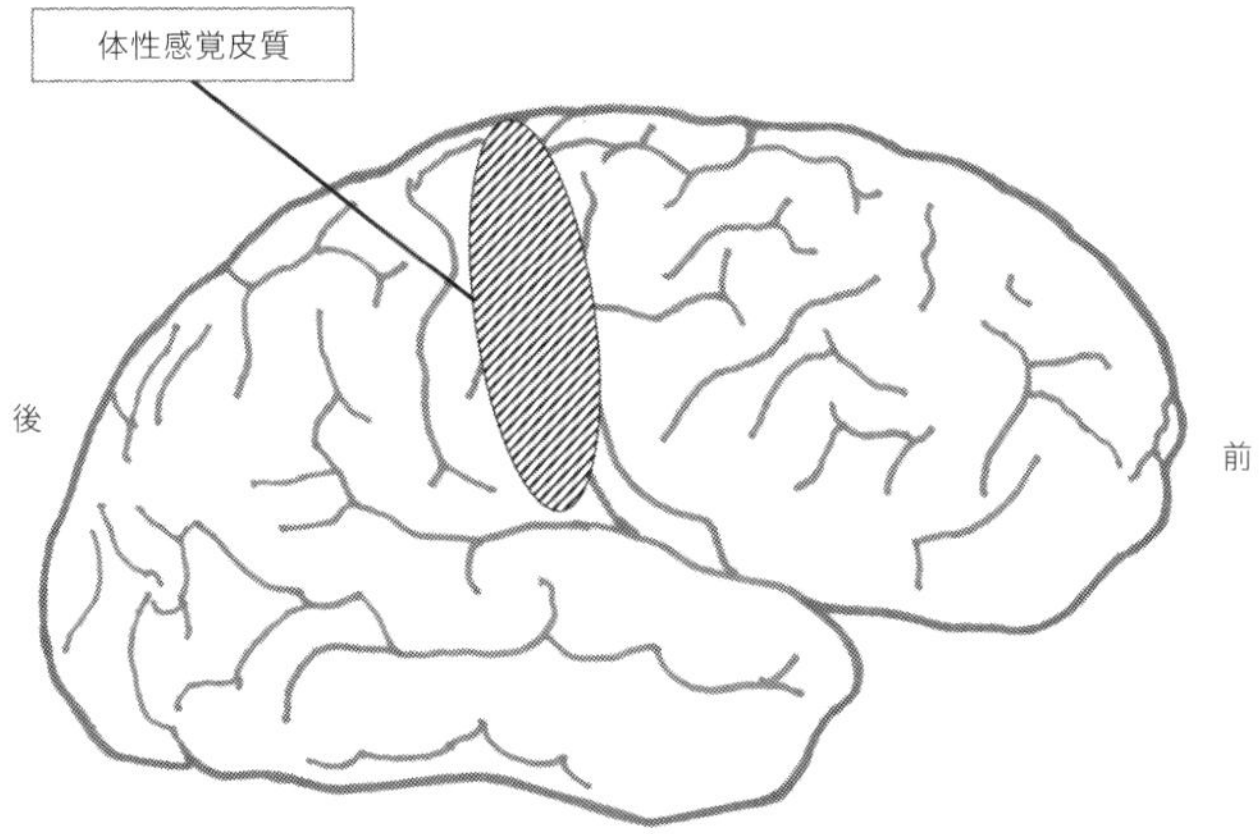

◉**図1-1**　体性感覚皮質

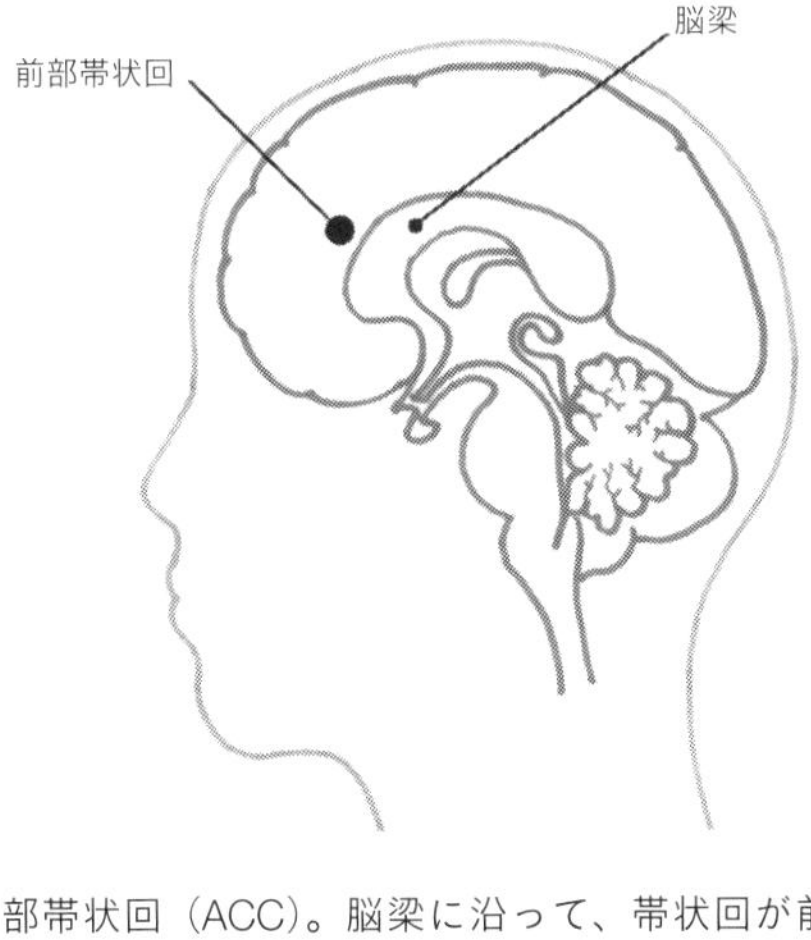

◉**図1-2**　前部帯状回（ACC）。脳梁に沿って、帯状回が前後に広がっている。前方が前部帯状回、後方が後部帯状回と呼ばれている

感覚的痛みと情動的痛みの二つが、人の脳の中でまったく別々に処理されていることは、次の実験で明らかにされました。実験協力者に、「熱くありませんよ」と暗示をかけながら左手を四七度の熱いお湯につけ、そのときの脳の活動を測定したところ、暗示によってお湯の痛みが和らいだ人ほどACCの活動も低下していることが分かったのです(Rainville P et al., 1997)。刺激の種類の識別に関わっている体性感覚皮質の活動の程度は、お湯の痛みを強く感じた人も、さほど感じなかった人も変わりませんでした。

人間ではこれ以上、突っ込んだ実験はできません。ただ、実験動物のACCと体性感覚皮質をそれぞれ破壊することで、二つの痛みの性質の違いがはっきりと示されています(Fuchs PN et al., 2014)。動物に痛い思いをさせると、人間と同じように痛い思いをさせられた場所を避けるようになりますが、ACCを破壊すると、その場所にいても平気になります。痛みを感じていることは確認しているので、頭では分かっていても身体が言うことを聞かないということになります。一方、体性感覚皮質を破壊すると痛みを感じなくなるのですが、なんと痛い思いをした場所はしっかり覚えていて、近寄らなくなります。つまり、痛みは感じないのに、不快な思いをした情動反応は記憶に残っているので、その場所に近づくと再び不快感を感じ、危険を察知して逃げるのです。

第1章で、事故や脳腫瘍の手術などで前頭前皮質の腹内側部を失い、情動反応がなくなってしまった患者を紹介しました。彼らは、アイオワ・ギャンブリング課題というギャンブルゲームをすると、頭では分かっていながら負け続けたのでした。彼らも、感情は平坦でした。それと似ていますね。情動反応がないと、頭では分かっていても危険を避けることができなくなってしまうのです。ACCによる情動的な痛みは、「いやだなあ〜」と感じる不快感の強弱で、私たちにどのくらい身に危険が迫っているのかを知らせてくれます。危険な思いをすればするほど強い情動反応が起きるので、はっきりと記憶に残ります。痛い思いは誰もしたくないので、二度と同じ間違いをしないように学習し、危険を避けるようになるのです。

ACCにはさらに驚くべき働きがあることが、分かってきました。除け者にされると、ACCが反応するのです。

社会心理学者のアイゼンバーガーらは、コンピューターネットワークを介して、三人でキャッチボールをする「サイバーボール課題」というゲームを使って、除け者にされたときに感じる痛みが、脳のどの部位と関わっているのかを調べました（Eisenberger NI et al., 2003）。

実験協力者は、画面上のほかの二人を模したキャラクター相手にキャッチボールを行います。右の人に投げるのか、左の人に投げるのか、ボタンを押して選びます。実験協力者はネットワークの向こうに生身の人間が二人いると思い込まされているのですが、実際には二人は存在せず、キャッチボールの相手はコンピューターのプログラムです。ゲームを始めてしばらくの間は参加者にもボールが回ってきて三人で仲良くキャッチボールしているのですが、後半になると参加者にはほとんどボールが回ってこなくなるようにプログラムされています。この除け者状態にされたときの脳の状態を調べたところ、ＡＣＣが強く反応していたのです。そして、心の痛みを強く感じている参加者ほど、ＡＣＣの反応も強いことが分かりました。

このことは、ＡＣＣが画びょうを踏んづけたときの身体的な痛みと同じように、除け者にされたときの心の痛みにも反応することを示しています。友達や恋人、家族などから除け者にされたり、低く評価されるといった社会的な排除に対する不快な反応は、「社会的な痛み」と呼ばれています（MacDonald G & Leary MR, 2005）。ＡＣＣは、社会的な痛みに対しても身体的な痛みと同じように反応することが分かったのです。社会から排除されると、実際の痛み刺激がないのに、「いやだなあ〜」と情動的な痛みを幻でなく現実に感じるということは驚くべきことです。情動的な痛みが、物理的な刺激の種類を識別する感覚的な痛みと独立して脳の中で処理されているからこそ、このようなことが可能になったのです。そして、これまでお話してきたように、格差のような社会的排除が身体的脅威と同じように命を脅かすことに変わりはないから、同じようにＡＣＣで処理されるようになったに違いありません。ちなみに、社会的サポートを受けると、ＡＣＣの活動が低下することが確認されています。このことも、社会的動物として進化した人間にとって、人と人との結びつきがいかに生存にとって重要なことなのかを物語っています。

言葉の暴力は肉体の暴力と同じ

これまでお話してきたように、言葉の暴力を受けたときに感じる社会的な痛みは、肉体的な暴力を振るわれたとき感じる身体的な痛みと、同じメカニズムで脳の中で処理されています。言葉の暴力は肉体の暴力と同じで、文字通り人を傷つけるということです。


ばいきんあつかいされて、ほうしゃのうだとおもっていつもつらかった。福島の人はいじめられるとおもった。なにもていこうできなかった。

ばいしょう金あるだろと言われむかつくし、ていこうできなかったのもくやしい。

いままでなんかいも死のうとおもった。でも、しんさいでいっぱい死んだからつらいけどぼくはいきるときめた。[*1]

これは、福島原発事故後に福島県から避難し、避難先の学校でいじめを受け不登校になった少年が、小学六年のとき書いた手記です。事故当時、小学一年だったこの男子児童は、その年の八月、福島県から横浜市の公立小学校に転校しました。その直後から、名前に「菌」を付けて呼ばれるなど、複数の児童からいじめられたといいます。小学三年になって一時、不登校になりました。小学五年のときには、同級の加害児童らに「賠償金あるだろ」と言われ、抵抗できずに、遊園地代や食事代などを負担、親の現金、総額一五〇万円をもち出したといいます。その後、少年は再び不登校になりました。

この少年のほかにも、「菌がうつる」「お前が触ると汚れる」「タダで住んでるんでしょ」などと同級生に言われた、と明かす子どもはたくさんいます。小学校の担任の先生に、「お前はどうせ中学生になったら白血病で死ぬんだろ」と言われた子どももいます。担任の先生にこんなことを言われたら、学校に居場所などないでしょう。

言葉の暴力を受けた人は、血が出たり、皮膚が赤く腫れたりしません。しかし、目には見えませんが、言葉の暴力は、肉体の暴力と同じように人を傷つけます。このことを、多くの方に分かっていただきたいです。

それではなぜ、言葉の暴力が肉体の暴力と同じように人を傷つけてしまうのでしょうか。その原因は、人間が社会的動物として進化する過程で、すでに備わっていた身体的な脅威を察知するメカニズムが、社会的な排除を検出するセンサーとして利用されるようになったからだと考えられます。その証拠に、熱刺激に敏感な人ほど、社会的痛みを感じやすいことが分かっています（Eisenberger et al., 2006)。身体的な痛みと社会的な痛みがオーバーラップすることは、数多く報告されています。

付き合い始めてまだ日が浅い恋人のいる学生を集めて、「これ以上熱いと触っていられない」と本人が感じるほど熱くした金属板に右手で触ってもらう実験を行いました（Younger J et al., 2010)。そのとき、ラブラブな恋人の写真を見せると、痛みが和らぐことが分かりました。恋人の写真を見て痛みを感じにくくなったときには、予想通りACCの活動は低下していました。快感を感じる脳の報酬系は活性化していたことから、実験者は、いざというとき身を賭して恋人を守れるよう、痛みを感じにくくなっているのだろうと考察しています。

恋人と手をつないでいると、脳の活動がシンクロして痛みを感じにくくなることも分かりました(Goldstein P et al., 2018)。脳活動のシンクロについては、二人で共同作業を行うと、つまり、「同じ釜の飯を食う」と、脳の活動がシンクロするのですが、恋人同士のとき、最もシンクロしやすいことが確かめられています(Pan Y et al., 2017)。東日本大震災など大災害での支援活動には、被災者に寄り添うことが求められています。ただ寄り添うだけでも、被災者の脳と支援者の脳がシンクロし、共感が生まれ、被災者の心の傷が和らぐことが、これらの実験で裏付けられたといえるでしょう。

次のようなユニークな実験も行われています(Zhou X et al., 2009)。

実験協力者に、お金を手に入れたときのことを想像してもらった後で、先ほどのサイバーボール課題をしてもらうと、除け者にされてもあまり痛みを感じないことが分かりました。面白いことに、熱いお湯に手を入れても、あまり痛みを感じません。別の研究チームの実験では、楽しい過去を思い出して気分が前向きになると、HPA軸のストレス反応が弱まることが報告されています(Speer ME & Delgado MR, 2017)。楽しいことを想像すると、ストレス反応が弱くなって身体的な痛みも社会的な痛みも感じにくくなるのですね。一方、お金を使ってしまったことを想像してもらった後、同じようにサイバーボール課題と熱いお湯に手を入れる実験をしてもらったところ、社会的痛みと身体的痛みの両方とも強い痛みを感じるようになりました。

ここまでくると、だったら、いじめられても痛み止めの薬を飲めば辛い思いをしなくて済むんじゃないか、と思うのは人情でしょう。その通りです。実験で確かめられています（Dewall CN et al., 2010）。

実験協力者に三週間にわたって毎日、寝起きと就寝前の二回、鎮痛剤のアセトアミノフェンを服用してもらいました。そして毎晩、どんな嫌なことがあってどれくらい傷ついたかをレポートしてもらったのです。その結果、なんと服用を始めてから一〇日目ぐらいから、社会的痛みを感じる程度が少なくなっていくことが分かったのです。この実験とは別に、アセトアミノフェンの服用量を増やして、三週間後にサイバーボール課題をしてもらったところ、ACCの活性化が抑えられていることも確認できました。身体的な痛みを抑える痛み止めで、社会的な痛みを和らげることができたのです。

心が痛めば身体も痛むし、身体が痛めば心が痛みます。心と身体は別々ではありません。実際、配偶者との死別直後は、脳卒中と心筋梗塞のリスクが二・二倍に跳ね上がることが報告されています。イギリスの三五歳以上の住民約七万人を対象に行った調査によると、心理的ストレスが強くなるにしたがって心臓病、総死亡率が高くなることが分かりました（Russ TC et al., 2012）。強いストレスでは、がん死亡率も一・四倍高くなっていました。うつ病やＰＴＳＤの患者はがんや心臓病になりやすく、がんや心臓病の患者はうつ病になりやすいことが数多くの論文で指摘されています。心理的なストレスで糖尿病のリスクが上昇することも知られています。逆に、ＳＳＲＩという、うつ病の薬、特にフルオキセチンは、心筋梗塞のリスクを減らすことが二四万人を対象にした調査で明らかになりました（Coupland C et al., 2016）。また、痛み止めのアスピリンには、低容量だとＳＳＲＩとの併用で、うつ病に効果があることが一二万人の調査で分かりました（Köhler O et al., 2015）。このようなことが起こるのは、身体的な痛みと社会的な痛みを感じるメカニズムが共通しているからにほかなりません。

2　共感能力は社会的動物としての本能

人と人との結びつきにとって重要な共感する心

社会的な排除にともなう社会的な痛みが命にとって身体的な痛みと同じように脅威となること、そして、人と人との結びつきが自分や自分の子どもの命を守るために、いかに大切なことなのかお分かりいただけたと思います。それでは次に、人類はこの大切な仲間との結びつきを維持するために、どのように脳を進化させてきたのかをお話ししようと思います。またしても、情動的な痛みを処理するＡＣＣが深く関わっています。

認知神経科学者のシンガーらは、一六組のカップル（恋人同士）を対象に次のような実験を行いました（Singer T et al., 2004）。カップルに同じ部屋に入ってもらい、二人とも右手に電極をつけてもらいました。その上で、男性と女性にランダムに痛みをともなう電気刺激を与えるのですが、そのとき、女性の脳のどの部位が活発に活動するかを観察したのです。実験の狙いは、女性自身が痛み刺激を手に受ける場合と、恋人の男性が痛み刺激を受けている姿を見ているだけのときで、女性の脳の活動にどのような違いがあるかを比較することです。

その結果、女性自身が痛み刺激を受けたときも、自分は刺激を受けないで、痛み刺激を受

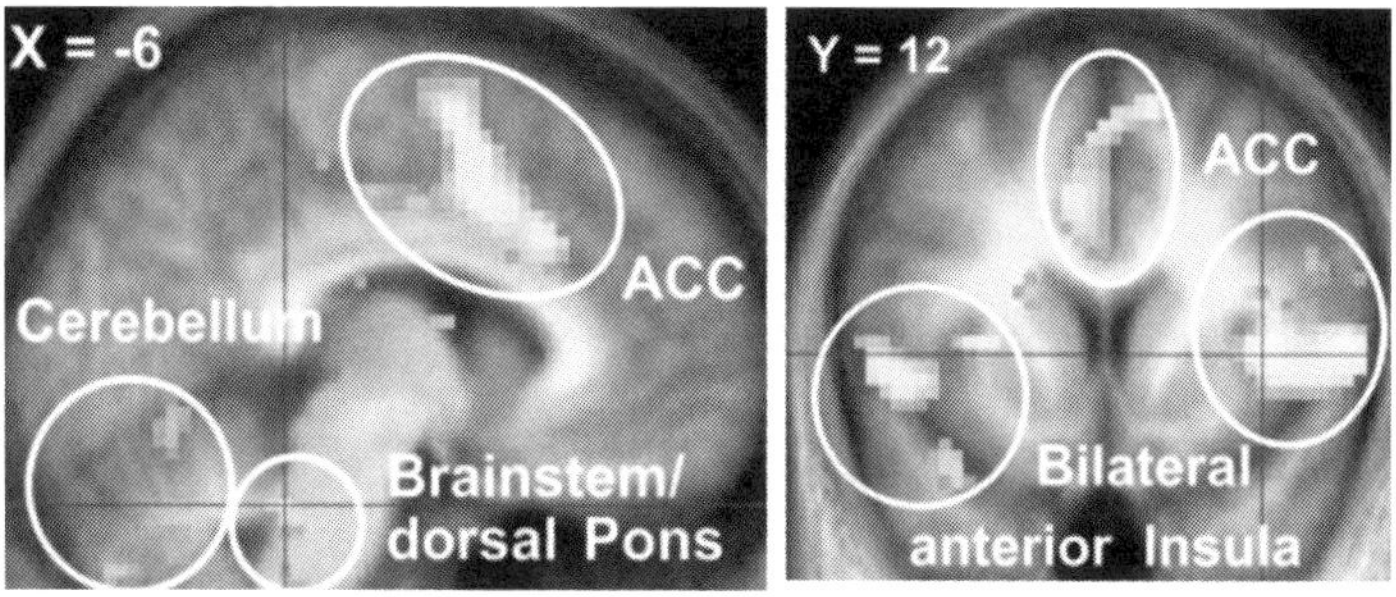

●**図2**　女性自身が痛み刺激を受けたときと、自分は刺激を受けないで、痛み刺激を受けている恋人の男性を見ているだけのときで、同じように活性化した脳の部位。ACCが活発に活動していることが分かる。（Cerebellum：小脳、Brainstem：脳幹、dorsal Pons：橋背部、Bilateral anterior Insula：両側前島）Singer T et al., 2004を改変

けている恋人の男性を見ているだけのときも、同じようにACCの活動が活発になることが分かりました（図2）。一方、感覚的な痛みを処理する体性感覚皮質は、女性自身が痛み刺激を受けているときには活動しましたが、痛い思いをしている恋人の男性を見ているだけのときには活動していませんでした。自分は刺激を受けていないので当然ですね。

この実験結果から次のことが言えます。痛がる恋人を見ているとき、体性感覚皮質は活性化しないで情動的な痛みを処理するACCが活性化したということは、女性が恋人の身体的な痛みを自分の心の痛みとして実感しているということです。ACCが他者の痛みを自分の痛みとして感じる「共感」にとって重要な役割を果たしていることが、この実験で明らかになったのです。

次の実験で、身体的な痛みを感じるシステムが共

感能力に関わっていることが、さらにはっきりしました。痛み止めの薬、アセトアミノフェンを服用すると、共感能力が減少することが分かったのです（Mischkowski D et al., 2016）。先ほど、いじめられたら鎮痛剤を飲めば辛い思いをしなくていいはずだとお話しましたが、この実験で**副作用**があることが明らかになりました。確かに、痛み止めを飲めば、人に傷つけられても傷つきにくくなるかもしれません。しかし、身体の痛みを感じにくくなると、他人の痛みを自分の心の痛みとして感じられなくなってしまうので、人に冷淡になり、いじめた相手に残酷な仕返しをしてしまう恐れがあります。

これまでの話をまとめます。ACCは元来、身体的な痛みの危険度を察知するセンサーの役割を果たしていました。人類が社会的動物として進化する過程で、その機能に、社会から排除されることによる危険度を社会的な痛みとして私たちに知らせてくれるセンサーの機能が付け加わりました。おそらく、それと同時に、他人の痛みを自分の痛みとして感じる共感能力が付け加わり、ACCはさらなる進化を遂げたのです。

共感に似た行動が動物にも見られることから、社会的動物として進化する過程で共感能力を獲得したと考えられています。

その一つが、あくびの伝染です。専門家の間では、情動伝染と呼ばれています。共感のように相手の置かれた状況を必ずしも理解してはいないのですが、あくびのように無意識のうちに思わずつられて相手と同じ表情や行動をしてしまうことを情動伝染と言います。あくびの伝染は人間だけでなく、チンパンジー、ボノボ、ゲラダヒヒ、ベニガオザル、そしてイヌでも確認されています。イヌは人間のあくびにつられあくびするそうで、あくびは生物の種を超えて伝染するようです。そして、相手が親しい人の方がつられてあくびしやすいことから、共感能力が関係していると指摘されています（Norscia I & Palagi E, 2011）。共感も、親しい相手ほど起こりやすいからです。

情動伝染は、なぜ起こるのでしょうか。動物行動学者のドゥ・ヴァールに言わせれば、生存上の価値は容易に見て取れます。集団で移動する種（人間を含めたほとんどの霊長類）にとっては、特に重大な意味があります。仲間と同調した方が、生存に有利だからです。仲間があくびをして眠くなれば、あなたもあくびをして眠くなる。仲間が食事をしていたら、あなたもそうした方がいい。なぜなら、いったん群れが動き出したら、眠ったり、食事したりできなくなるからです。群れ全体と足並みをそろえない者は損をする。バスが休憩所に止まったときにトイレに行かない旅行者のようなものだ、とドゥ・ヴァールは言います。

ネズミにも共感能力があるのかもしれません。「マウスも共感する証拠がある」と挑発的なタイトルが付けられた論文によると、苦痛を感じている仲間のマウスを見たマウスは、以前より痛みに敏感になるそうです（Langford DJ et al., 2006）。苦痛を感じているのが見ず知らずのマウスの場合は痛みに敏感になったりしないことから、研究チームは「このマウスは仲間の痛みを自分の痛みのように感じているに違いない」と解釈したようです。

この論文のように、最近、ネズミもなかなかやるもんだ、と思わせるような研究報告が増えています。ラットは、仲間が閉じ込められた容器とチョコレート入りの容器を目の前に並べられると、まず仲間を助けてから、チョコ入り容器の蓋を開けて仲良くチョコレートを食べるそうです（Bartal IBA et al., 2011）。空の容器とチョコ入り容器が並べられると、迷わず先にチョコ入り容器を開けることから、偶然ではなさそうです。別の報告によると、ラットは仲間と一緒にいるときにはエサを独り占めしようとはせず、仲間にも自分と同じ量のエサが行き渡るように自分の食べるエサの量を調節しているとのことです（Weiss O et al., 2017）。

子育て能力として進化した共感する心

このような報告が相次いでいることから、共感能力は人間だけが突如として獲得した能力ではなく、進化の過程で、段階を経て身につけた能力に違いないと考えられるようになっています。最も有力なのが、子育て能力として進化した可能性です。これまで見てきたように、広い意味での共感能力は、ほ乳類に共通して観察されるからです。子育てするのは、ほ乳類に共通した特徴です。二億年に及ぶほ乳類の進化の歴史の中で、赤ちゃんが泣いたり、痛がったり、お腹を空かせたりしたときに甲斐甲斐しく子どもの世話をしたメスの方が、子どもに冷淡で育児に熱心でないメスよりも、多くの子孫を残したに違いありません。

証拠はいくつもあります。たとえば、子どもが母親からはぐれたときに発する音声はロスト・コールと呼ばれていますが、子どものロスト・コールを聞いた母親は、素早く鳴き声の方に向かっていきます。鳴き声に反応するだけでは、母親が子どもの置かれた状況をきちんと理解して共感しているとまでは言えませんが、ロスト・コールに敏感な母親の方が、多くの子孫を残せたはずです。動物実験では、お母さんラットのACCを破壊すると、赤ちゃんラットのロスト・コールに反応しなくなることが確認されています。また、ACCを破壊すると、お母さんラットは育児放棄するようになります。お母さんラットのACC破壊で、赤ちゃんラットの生存率は一二％まで低下してしまいました（Stamm JS, 1955）。

人間でも、次のようなことが確認されています。未婚女性でも幼児の泣き声や笑い声を聞くと、ACCや扁桃体が活発に活動しますが、初産の出産直後のお母さんは、赤ちゃんの泣き声でACCがより一層活性化するようになるそうです（Lorberbaum JP et al., 2002）。妊娠、出産で、母性本能に目覚めたのでしょう。男性のACCは、赤ちゃんの泣き声を聞いてもあまり反応しないことが女性との対照実験で確認されています。これらのことから、共感は子育て能力として進化したと考えられます。

一方、動物の赤ちゃんのACCを破壊すると、ロスト・コールが減少します。逆に、赤ちゃんのACCを人工的に刺激すると自発的にロスト・コールを発するようになることが確認されています。人間では、親族を一年以内に失った女性に故人の顔写真を見せると、ACCが活性化したそうです。死産した女性に幸せそうな赤ちゃんの写真を見せると、ACCが活性化します。除け者状態に置かれるサイバーボール課題でACCが活性化することは、先ほど紹介しました。ロスト・コールが原型となり、愛する人を失ったり、除け者にされたりしたとき社会的な痛みを感じる能力へと進化していったのではないでしょうか。

生まれてからの環境でさらに「進化」する共感能力

このように、共感能力は子どもの飢えや痛み、恐れを情動的な痛みとして感じるACCの機能を介して、子育て能力として発達したと考えられます。そして、ACCの機能を、子どもの痛みに共感する能力から仲間の痛みに対して共感する能力へと拡大させることによって、人類は社会性を獲得していったのでしょう。すべての社会的関係は、親子間で育まれた共感能力が原型となって発展していったと考えられます（Decety J et al., 2012)。

それを裏付ける証拠を、いくつか挙げておきます。

同じ霊長類でも、ボノボの性質は協調的でチンパンジーは攻撃的な傾向が強いことが知られていますが、ボノボの方がチンパンジーより扁桃体が大きくストレスを感じやすいことが分かりました。また、ボノボの方が扁桃体とACCの結びつきが強く、脳のこれらの構造の違いが、ボノボの協調的な性質に関係しているようです（Rilling JK et al., 2011)。

扁桃体やACCの大きな人ほど友達付き合いの密度が濃く、しかも、たくさんのグループとまめに付き合うことが知られています（Bickart KC et al., 2011)。また、ACCが活性化しや

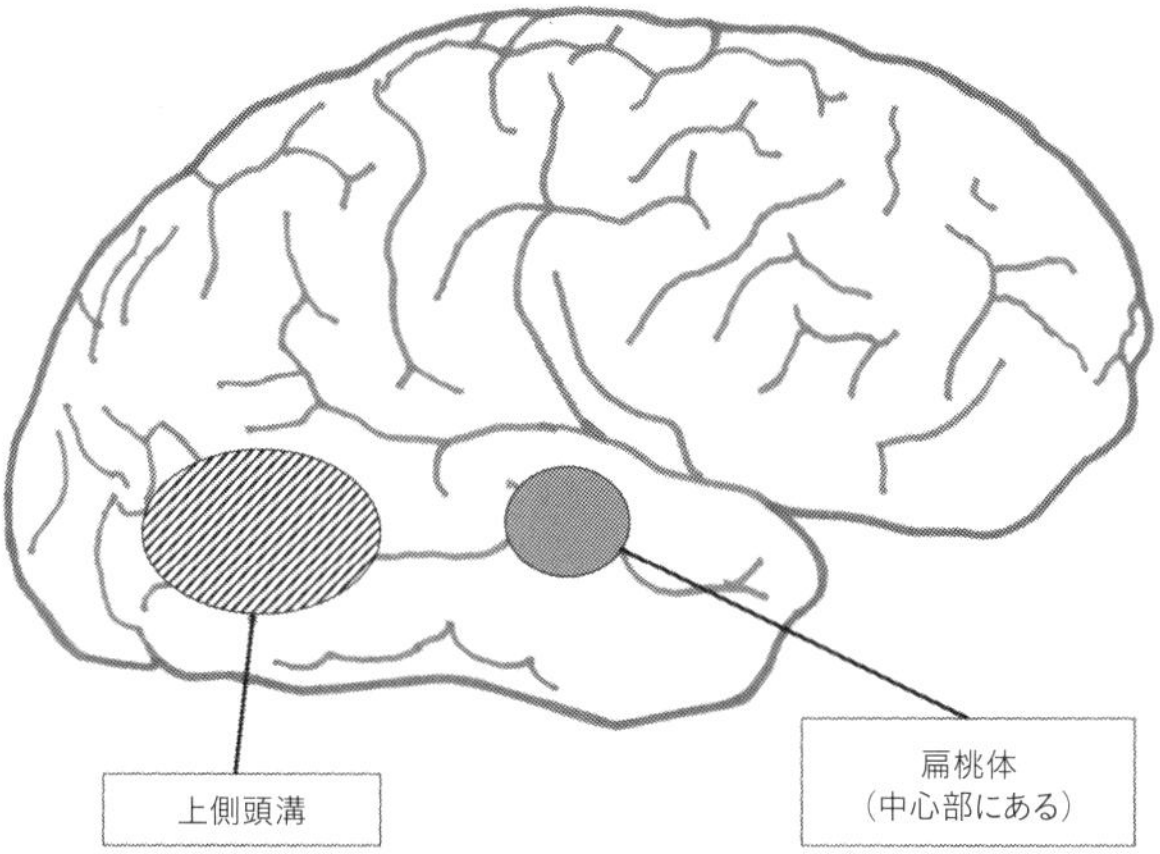

◉**図3**　扁桃体と上側頭溝

すい人ほど他人に共感しやすく、社会的に排除された人を見て放っておけなくなることが確認されています（Masten CL et al., 2011）。

こうなると、共感能力が高い人は生まれながらACCが大きいのか、それとも、生まれてからの環境によって、ACCが大きくなり共感能力が高まるのか知りたいところです。実際にそう思って調べた研究者がいます。もちろん、人間で試すわけにはいきません。たとえば、遺伝情報が等しい一卵性双生児の片方を、生まれてからずっと友達の少ない環境で育て、もう一方にはできるだけ多くの友人をつくるように仕向ければ、氏か育ちか分かるでしょうが、倫理的に許されません。しかし、動物実験なら可能です。動物実験に反対の方には抵抗があるでしょうが、次のような実験が行われました。

二三匹の若い成熟した四歳前後のマカクザルを、一匹で暮らすもの、他の仲間と二匹で暮らすもの、あるいは三〜七匹の群れで暮らすものに振り分けて、集団の大きさの違いで脳の構造に変化が起きるかを調べたのです。二三匹のうち一四匹がオスで、性別による違いが出ないようにしています。ほかにも、同じ時期に研究所にやってきたサルに、一定期間、標準的な集団規模で生活させてから、できるだけ同じ体重のサルを選ぶなど、個体差をできるだけなくす工夫をしています。サルを自由にさせておけば、生まれながら社交的なサルは多くのサルと接触しようとするでしょうが、むりやり、集団規模を決めてしまうので、生まれながらの性質なのか、生まれてからの環境の影響なのかを区別することができます。

その結果、大きな群れで暮らしていたサルほど、扁桃体や上側頭溝（STS）と呼ばれる側頭葉にある溝（図3）など、社会性と関係している脳部位が大きく発達していることが分かりました（Sallet J et al., 2011）。また、くだんのACCは、大きな群れで生活していたサルほど、このSTSと同期して活動するようになっていたことから、集団生活によりACCの機能が強化されたと考えられます。サルの研究をそのまま人間に当てはめることはできませんが、子どもの成長にとって、環境の影響がいかに大きいか考えさせられますね。

3 共感能力の弱点

差別につながりかねない内集団バイアス

このように共感は、動物が社会性を獲得する上でなくてはならない役割を果たしています。ただし、「共感することはすばらしい～」と、手放しで喜ぶわけにはいきません。共感能力には、差別につながりかねない弱点があります。共感は相手を選ぶのです。よそ者に対しては冷たくあしらいます。あくびにしても、身内や親しい人のあくびにはつられやすいですが、見ず知らずの人につられてあくびすることは少ないです。よそ者には、情動伝染は起きにくいのです。共感も同じです。

たとえば、チューリッヒ大学の研究チームは、スイスの地元サッカーチームのサポーターが、敵対するチームのサポーターの苦しみに対しては痛みを共有するどころか快感すら感じることを明らかにしました（Hein G et al., 2010）。人間の共感能力など、サッカーボール一つでもろくも崩壊してしまうのです。

意外に思われる読者が多いかもしれませんが、スイスはサッカーの盛んな国です。今年（二〇一八年）のワールドカップ・ロシア大会にも、出場を果たしました。国際サッカー連盟

（FIFA）が発表したFIFAランキングによると、スイスは世界第八位の実力を誇っています（二〇一八年三月一五日現在）。フランスやイタリア、イングランドなど世界の強豪国より上位にランクされているのです。日本代表はと言えば五五位で、かなり水を開けられていま す。スイス一部リーグのチームには、かつて柿谷曜一朗選手や久保祐也選手といった日本フル代表に選ばれた選手が所属していたこともあります。

そんなサッカーに熱いに違いないスイスの地元サッカークラブのサポーターが、実験協力者として集められました。そして、彼らは、自分の応援するチームのサポーターと、敵対するチームのサポーターが手に付けた電極で痛めつけられる様子を見させられたのでした。自分のひいきチームのサポーターに電気刺激が加えられると、痛みに関係する脳領域、島皮質が活性化し、自分の痛みとして感じていることが分かりました。ところが、敵対チームのサポーターの手に電気刺激が加えられると、快感に関わる脳領域、側坐核が活性化したのです（図4）。

共感する心は、二億年に及ぶほ乳類の進化の歴史の中で、社会的動物の本能として培われた尊い道徳心と言えますが、所詮その程度に過ぎません。社会的動物として関心があるのは、「痛み」そのものに対してではなく、痛みを感じているのは「誰か」に対してだったのです。痛みを感じている誰かが、自分の所属集団の仲間であれば自分と同一視し、共感を感じます。仲間の置かれている状況に共感することで、集団としての結束力を高めることができ

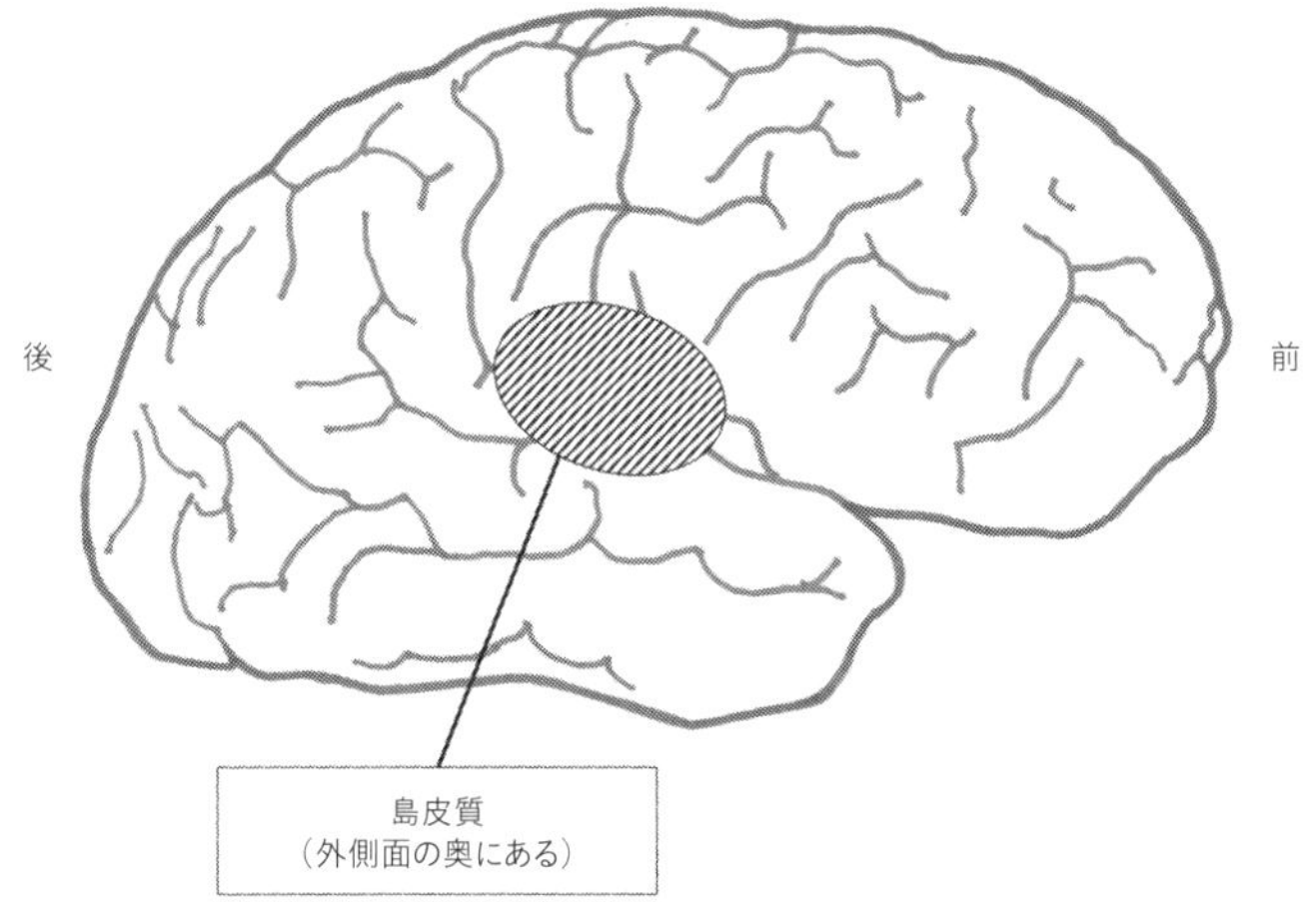

◉**図4-1**　島皮質。外側面の奥の、前頭葉、側頭葉、頭頂葉に囲まれた部分

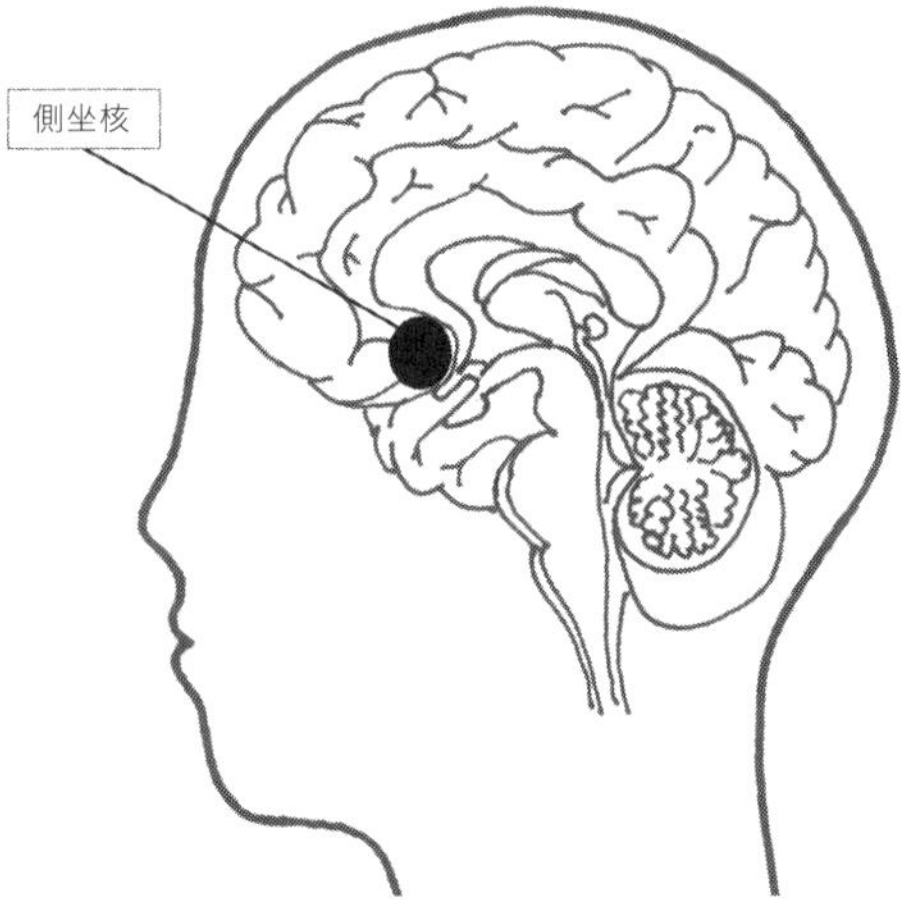

◉**図4-2**　側坐核

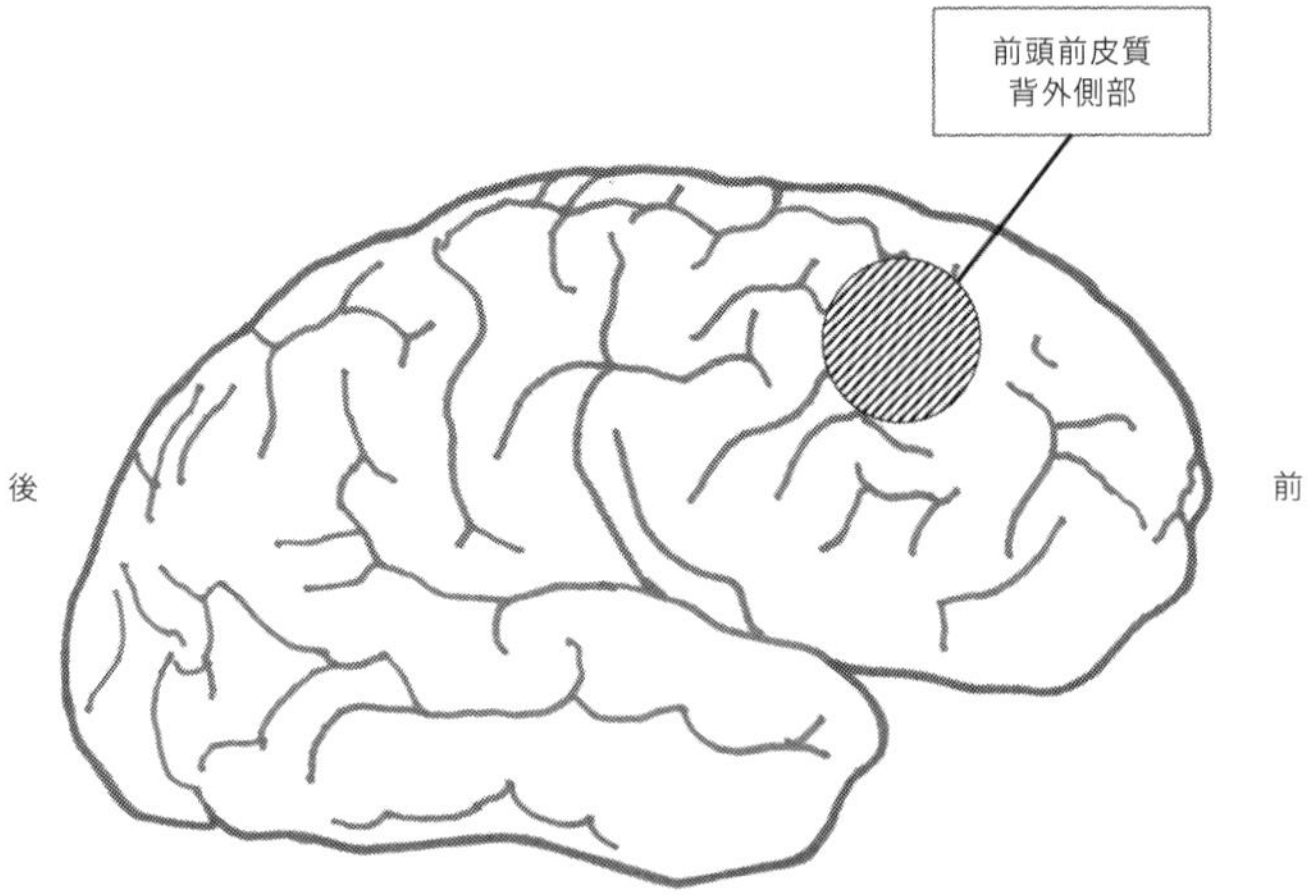

◉**図5**　前頭前皮質背外側部（DLPFC）

るでしょう。結束力が高まり集団の秩序が安定すれば、集団に所属している自分は保護され、生存率が高まることになります。しかし、その代償として、所属集団以外に対しては排他的になってしまうのです。

内集団バイアスと呼ばれるこのような仲間への身びいき、よそ者に対する排他性には心して気をつけなければならないことが、次の実験で示されています（Cunningham WA et al., 2004）。

白人の実験協力者に対して黒人の顔写真を〇・〇三秒見せたところ、扁桃体が活性化しました。見せる時間を〇・五秒間に延ばすと、扁桃体の活性化は抑えられ、今度は前頭前皮質の背外側部（DLPFC）というところと、ACCが活性化することが分かりました（図5）。DLPFCは、分析的な思考を行うところとされています。ACCは、痛みに反応するだけでなく、複数の競合情報を処理するときにも活性化することが知られています。

瞬間的に扁桃体が活性化したことは、肌の色の違うよそ者に対して警戒心を抱いたことを示しています。そして、実験に参加したすべての白人は、インタビューに対して「黒人に偏見をもってはいけない」と答えています。ですから、比較的長い時間、黒人の写真を見せられたとき、扁桃体の活動が見られなくなったのは、DLPFCによる理性的な分析を、ACCが競合情報として処理して瞬間的に反応してしまった扁桃体の活動を抑え込み、黒人に対する警戒心（偏見）を取り除こうとしたことを物語っています。時間差による三カ所の脳部位の反応の違いは、本能的に発生する内集団バイアスという情動反応を、「人を差別してはいけない」という理性が葛藤の末、抑え込んだ証拠と解釈できます。

共感は相手を選ぶ

次に紹介する実験は、内集団バイアスの残酷さとともに、社会性の本質を示していて考えさせられます。自分が大切に思っている人を救うためなら、そのために犠牲にされる人の苦痛は気にならなくなることが、通称「歩道橋のジレンマ」という思考実験で明らかにされたのです（Cikara M et al., 2010）。

「多くの人を助けるために一人の人間を犠牲にすることは許されるのか」という道徳的判断

に関わる研究が、世界中で行われています。歩道橋のジレンマとは、「ブレーキが壊れたトロッコが暴走しています。線路の先には、線路工事をしている五人の作業員がいます。このまま見て見ぬ振りをすると、五人はトロッコにひかれて確実に死亡します。五人を助けるために、線路にかかっている歩道橋から大きなリュックを背負ったAさんを突き落としてトロッコを止めることは、道徳的に許されると思いますか」という質問の名称です。この問いに対しては、九〇%の人が「許されない」と答えることが知られています。

紹介する実験では、ちょっとした工夫がなされています。それは、線路上の五人と、歩道橋から突き落とされるAさんのキャラクターをいろいろと変えて、質問するのです。五人がいい人・有能な人でAさんが悪い人・無能な人だった場合や、五人が悪い人・無能な人でAさんがいい人・有能な人だった場合など、さまざまにキャラクターの組み合わせを変えて質問しました。そして、どんなキャラクターの組み合わせのとき、どの程度Aさんを突き落として五人を助けることが許されると思うかを聞いた上で、脳の活動を計測しました。

すると、突き落とすAさんが悪い人・無能な人で、助ける五人がいい人・有能な人だった場合、最もAさんを突き落とすことが認められやすいことが分かりました。そして、そのときには、分析的な思考をするDLPFCが最も活動的になり、情動に関わる脳部位は活動しないことが確認できました。大勢の有能な人や好人物を助けるためなら、無能な人間一人が犠牲になるのは仕方がないと考える人が多かったということです。実験はアメリカの名門プリンストン大学の学生を対象に行われたのですが、おそらく日本人でも結果は同じでしょうね。

共感は相手を選びます。他人の痛みを自分の痛みとして感じる心は、万人に対して公平に開かれているわけではなかったのです。共感とは、仲間内に対して向けられる排他的な情動反応だったのです。そして、とりわけ有能な人、または好人物と思える人、平たく言ってしまえば自分にとって役に立ちそうな人に対して向けられる、かなり打算的な情動反応でもありそうです。人は自分の利益にならなければ他人の利益になるようなことはしない、との研究報告もあります (Lockwood PL et al., 2017)。裏を返せば、社会の中で自分の居場所を確保するためには、仲間から役に立つ好人物と思われる必要があるということです。でないと、困っているときに共感してもらえず、冷たく除け者扱いされてしまい、たちまち路頭に迷うことになります。前述したように、社会的な排除は命に関わりますから、なんとしても除け者扱いは避けなければなりません。社会的動物としての人間は、本質的に他人の評判を気にする生き物と言えるのではないでしょうか。

4 なぜ人は他人の目を気にするのか

モナ・リザの微笑みの謎

人類の扁桃体は、霊長類で最大だと前にお話しましたね。細かな話になってしまい恐縮ですが、扁桃体の中でも基底外側部というところが霊長類ではよく発達しています。この基底外側部は群れの集団規模が大きいほど、さらに大脳新皮質が大きいほど発達しています。人類の集団規模、大脳新皮質の大きさは、いずれも霊長類で最大です。ですから、人類の扁桃体が大きいのは、基底外側部が発達しているためだと言えます。そして、基底外側部が大きい霊長類は、脳の視覚情報処理系もよく発達していることから、人類は相手の表情やジェスチャーの意図を読み取って、集団の中で生存していくために必要な情報を得ていると考えられます。

特に重要なのは、顔の表情、中でも目です。第1章に登場した扁桃体がダメージを受ける病気で不安を感じることができなくなってしまった女性患者は、相手の不安顔を認識できないのですが、原因は、相手の目を見ることができないからです（Adolphs R et al., 2005）（図6）。目を見るように訓練すると、不安顔をきちんと認識できるようになることが確認されていま

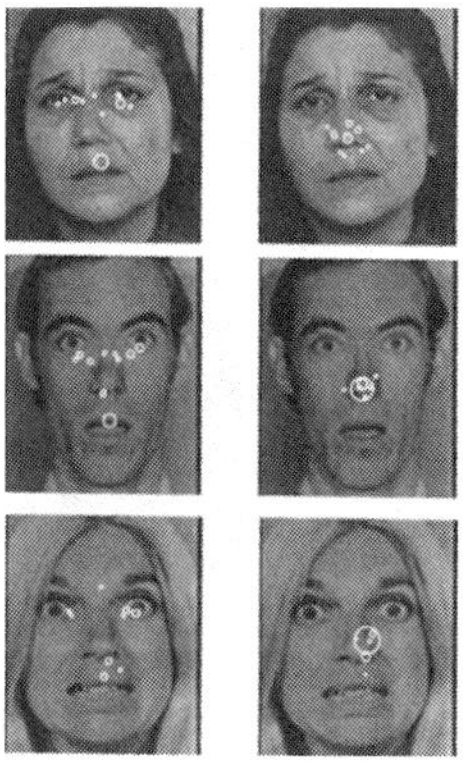

◉**図6**　(A) は健常者の目線。(B) は扁桃体損傷患者の目線。健常者は、不安顔をした人の目を見ることができる。扁桃体損傷患者は目を見ることができない。Adolphs R et al., 2005を改変

す。また、児童虐待を受けた子どもは、怒り顔に敏感に反応することが報告されています (Pollak SD & Kistler DJ, 2002)。人は相手の表情を、怒り、悲しみ、恐れ、喜びなどの情動反応ごとに分類して認識していますが、児童虐待児は、怒り顔と認識する表情の範囲が拡大していたのです。それだけ、恐ろしい体験をしていたということでしょう。

人が相手の表情を気にする理由を調べていて、筆者が面白いと感じたのは、名画『モナ・リザ』の微笑みの謎についてです。人類を含め集団で暮らす霊長類は、顔を認識することが非常に得意で、顔を見たときだけに反応する「顔ニューロン」があることが知られています。そして、扁桃体など社会性に関係している脳部位にはたくさんの顔ニューロンがあり、なぜか左斜めを向いた顔に反応する顔ニュー

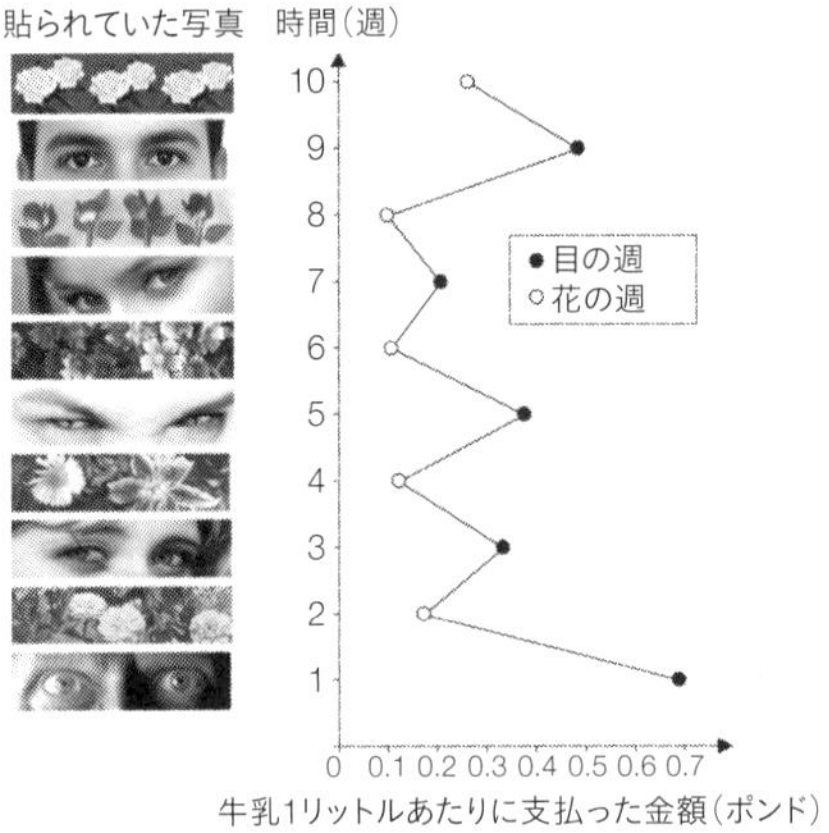

◉**図7**　週ごとに貼られていた写真と「正直箱」に支払われた代金の関係。目の写真が貼られていた週の方が、花の写真が貼られていた週より明らかに支払われた金額が多くなっている。Bateson M et al., 2006を改変

ロンが最も多いそうです。しかも、その顔の視線が正面に向けられているとき、つまりアイコンタクトを取っているときに、顔ニューロンは最大に反応することが分かったのです（小野武年、二〇一四）。左斜め四五度の角度から正面に視線を投げかけて来るのが、まさにモナ・リザの微笑みです。誰に向けられた微笑みなのか、どんな類いの微笑みなのか、最新の感情認識ソフトの解析によると、モナ・リザの微笑みには、八三％の幸せ、九％の嫌悪、六％の恐怖、二％の怒りが含まれているそうです（菅家洋也、二〇〇八）。解剖学や生理学、動植物学など、さまざまな分野に精通していた天才、レオナルド・ダ・ヴィンチは、ひょっとしたら表情と顔ニューロンの関係に気づいていたのかもしれませんね。

相手がモナ・リザのような美女でなくても、

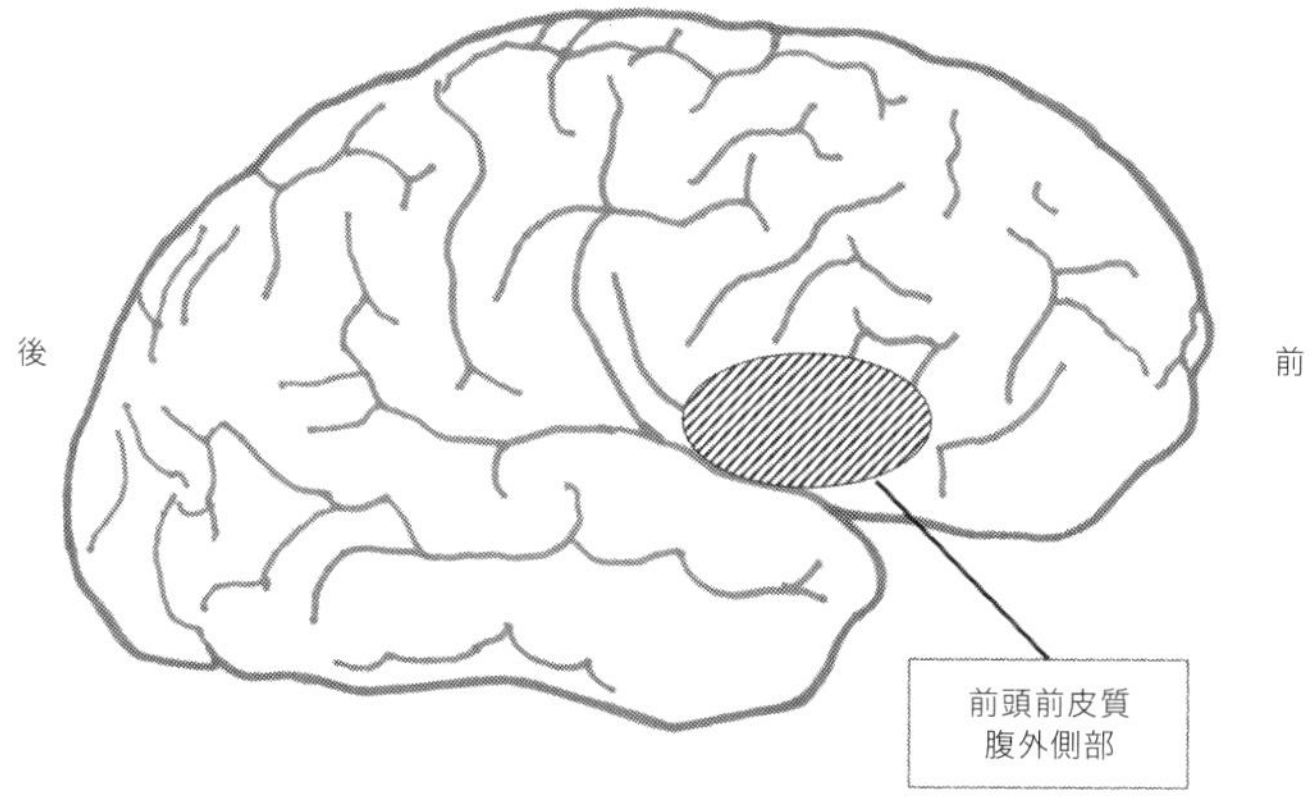

◉**図8**　前頭前皮質腹外側部（VLPFC）

つい人の目線が気になってしまうのが、社会的動物として進化した人間の性のようです。そのことが、「正直箱」という実験で示されました（Bateson M et al., 2006）。イギリスのニューカッスル大学では、コーヒールームでコーヒーや紅茶を飲んだら、「正直箱」と書かれた箱に自主的にお金を払うことになっていました。動物行動学者のベイトソンらは、実験の目的を告げずに、コーヒー代や紅茶代として払わなければならない金額を指定した表示の上に、こっそり写真を貼りました。写真の種類は週ごとに変えて、「人の目」の週、「きれいな花」の週というように、人の目と花の写真を交互に貼りました。そして、写真の種類によって、代金の回収率がどのように変化するかを調べたのです。

結果は、非常に面白いものでした。目の写

真が貼られた週の方が、花の写真が貼られた週より、代金の回収率が数倍も跳ね上がったのです(図7)。このことは、人は元来それほど正直者では「ない」こと、そして、なにかと周囲の人の目、自分の評判を気にしてしまうことを示しています。

ちなみに、人が正直者でいられるかどうかは、脳の前頭前皮質腹外側部(VLPFC)というところが関係しているようです(図8)。電気刺激で実験協力者のVLPFCの活動を活発にさせたところ、ウソをつく人が減ったそうです(Cao Q & Niu X, 2018)。

考えてみれば、人間が実感をもって認識できる集団の規模は一五〇人程度と小さいので、周囲の人の目が気になるのは当然と言えば当然なのです。おそらく、社会的動物としての本能でしょう。実感できる集団規模が一五〇人としたのは、人類が進化の過程で、現代人の特徴を獲得したとされる一〇〇万~二〇〇万年間続いた狩猟採集社会の集団規模が、約一五〇人と推定されているからです。そのような村社会で「正直者でない」と悪評が立ってしまえば、悪評はたちまち仲間全員の知るところとなり、自分の居場所はなくなってしまうことでしょう。人の目の写真の週に回収率が上がることが、お金を払わないことに対する罪悪感より、人の評判を気にする気持ちが勝っていることを物語っているように感じます。いい人間だと自分で思いたいのではなく、集団の中で自分の居場所を確保するために、人から価値ある人間だと思われたいのです。

第2章の冒頭で、若者に対する意識調査の結果を紹介しました。「自殺しないで生きていればいいことがある」と思っている若者は、二〇〇八年から二〇一六年の八年間で半減してしまい、三七％しかいませんでした。「自分に満足している」と思っている若者は、調査した七カ国中最低でわずか八％しかいませんでした。そして、「自分は役に立たない」、「人は信用できない」と思っている若者ほど、自分に満足していませんでした。その一方で、半数以上の若者が「自国のために役に立ちたい」と考えていましたね。七カ国中最も多かったです。人を信用できず、自分は役に立たない人間で、生きている価値がないと思い込んでいる若者が、その一方で、人の役に立ちたいと強く思い、周囲の評価を気にするのは、格差社会の中で、それだけ自分が社会から排除されているという実感があるからではないでしょうか。

社会から排除されるリスクを回避する最善の方策は、これまでお話ししてきたことからお分かりのように、周囲の人から役に立つ有能な人間と思ってもらえるような行動を取り、実際に人から評価されることです。興味深い調査報告があります。友人や親類、隣人、配偶者の面倒をよく見る人は、死亡率が低下することが分かりました（Brown SL et al., 2003）。一方、世話を受けた側の人物の死亡率は変わっていませんでした。つまり、実質的な利益を得ていたのは、支援を受ける側ではなく、むしろ支援**する**側だったのです。

アメリカやイギリス、ドイツ、フランスより多くの日本の若者が、アンケートに「国の役に立ちたい」と答えたことを、日本の政治家は喜んではいられません。格差社会が、日本の若者を追い詰めていることの裏返しなのだということを、肝に銘じる必要があります。

社会的動物は公平さを求める

それでは、どのような人物が、仲間から価値ある人間だと思われやすいのでしょうか。ここでも、人類が社会的動物として進化した歴史を振り返ってみましょう。

人間に限らず、多くの動物は不公平を嫌がります。有名なのが動物行動学者、ドゥ・ヴァールらの実験です。キュウリと引き換えに喜んで課題をこなしていたフサオマキザルは、大好物のブドウを仲間のサルがもらっているのを目撃した途端、激高してキュウリを投げ捨て、檻《おり》を揺すり、課題をしなくなりました（Brosnan SF & de Waal FB, 2003）。サルもストライキをするのですね。イヌも不公平を嫌がるようです。報酬なしの無償の精神で「お手」を繰り返していたイヌは、別のイヌが「お手」をしてソーセージをもらう姿を目撃すると、芸をしなくなりました。ネズミもです。マウスは、仲間は自由に行動できて自分だけ狭い場所に閉じ込められると、一匹だけで閉じ込められたときより強いストレスを感じていることが分かりました。血液中のストレスホルモンの濃度が上昇していたのです。これまでの報告によると、少なくともチンパンジー、フサオマキザル、マカクザル、イヌ、ネズミ、ウサギ、カラスが不公平を嫌がることが確認されています。

公平さを求めるのは、社会的動物にとって本能といえるでしょう。相手との協力関係を維持するためには、不平不満が出ないように公平であることが必要なのです。

人類学者ハインリックは、ペルーやエクアドル、ボリビア、タンザニア、ケニア、パプアニューギニアなど、世界一五の小規模社会を訪れて、どれくらい公平さを重視するか文化圏によって違いがあるか調査しました（Henrich J et al., 2001）。日本やアメリカ、ヨーロッパなどの先進国しか調べていなかったら、仮に人々が公平さを求めたとしても、それが人間の本質的な性質なのか、それとも市場経済の影響によるものなのか区別がつかないからです。小規模社会で暮らす彼らに二人で行う簡単な経済ゲームをしてもらった結果、文化圏によって公平さに敏感な社会とあまり気にしない社会があることが分かりました。たとえば、ペルーのマチェゲンガ族は、平均して、相手に提案する自分の分け前が七四％、相手が二六％でも構わないと考えていました。しかし、ほとんどの文化圏では先進国と同じように、自分と相手の取り分が六対四くらいに収まるような遠慮がちな提案をしたのです。

このことは、教育や文化の違いにかかわらず、多くの人が公平であろうとしていることを示しています。社会経済的格差が大きい社会ほど死亡率が高いこと、その原因は格差によるストレスである可能性が高いことは、第2章の初めの方で指摘しましたね。人はつい、自分と他人を比べてしまう社会的な動物なのです。

そして、公平感は、共感と関連していることが明らかになっています。どうやら、共感と公平感が、社会秩序を安定させる二大要因のようです。認知神経科学者、シンガーらの実験で、人が他人の痛みにどれだけ共感するかは、その人がそれまでどのくらい公平に振る舞っていたかに左右されることが示されました（Singer T et al., 2006）。

シンガーらは、まず実験協力者に二人一組で行う「囚人のジレンマ」という経済ゲームを行ってもらいました。道徳実験でよく使われるゲームです。ゲームを行う人には、公平に振る舞ったり、わざとズルをしたりするように事前に示し合わせてあります。つまり、やらせです。そして、ゲーム終了後、実験協力者の手に電気ショックを加えたのですが、公平な態度を取った人とズルをした人で、そばでゲームを見ていた見物人の脳活動にどのような違いが出るか比較しました。この実験のポイントは、利害関係のある当事者ではなく、それを見学していた第三者の反応を見た点にあります。すると、公平な人が痛めつけられたときには、男女差なく、痛みと共感に関係するACCなどの脳領域が活性化しました。ところが、ズルをした人が痛めつけられたときには、男性と女性で反応に違いが見られました。女性の実験協力者の場合は、やはりACCなどが活性化して共感を示していることが確認できました。ところが、男性の実験協力者では、ACCなどの反応があまり見られませんでした。

これらの実験結果から、少なくとも男性にとって共感は、相手がどれだけ公平に振る舞ったかの評価として発生する情動反応だと解釈できます。つまり、不公平な人は裏切り者で、仲間とは認めないので、共感しないということです。女性が、目の前にいる人が痛い思いをしていたら無条件に共感するのは、母性本能かもしれません。

人はどこまで正直者なのか

「第三者罰」という道徳実験があります。これは、経済ゲームを行っているプレーヤー二人の様子を見学している第三者が、ゲームで不公平な態度を取った一方のプレーヤーを処罰しようとするかどうかを観察する実験です。第三者は見ているだけなので、処罰してもしなくてもまったく利益は得られません。しかも、罰金は制裁を加える第三者自身が払わなければならないので、処罰すればするほど自分が損することになります。処罰したとしても、不公平に扱われたプレーヤーの取り分は変わりません。利益を独り占めしようとしたプレーヤーの取り分が減らされるだけです。積極的に参加すればするほど自分が損をするような実験に、興味をもつ参加者がいるのだろうかと思いきや、予想外の結果が得られました。

人類学者のハインリックが先ほどと同じように、一五の小規模社会を対象にこの「第三者罰」実験を行ったところ、どの文化圏でも、片方のプレーヤーが相手方の取り分を五〇％以下にする不公平な態度を取ったところで、見学していた第三者が、自腹を切って処罰したのです。

なぜ、自分には直接の利益がないのに、わざわざ自分が犠牲になってまで、人は裏切り者を処罰しようとするのでしょうか。このような行為は「利他的な罰」と呼ばれていますが、利他的な罰に関して、脳科学の分野で面白い実験が行われています。裏切り者に対して制裁を加えようとする人の脳活動を調べたところ、線条体というところが活発に活動していることが分かったのです（de Quervain DJ et al., 2004）。しかも、厳しい制裁を加えようとすればするほど、線条体が活発に活動していました（図9）。線条体は、快感を生み出す報酬系の神経回路の一部と考えられています。また、前頭前皮質の腹内側部も、活発に活動していました。腹内側部は、第1章で紹介した社会的な行動を取れなくなってしまったフィニアス・ゲージが事故でダメージを受けた箇所でしたね。情動反応や道徳的判断に関係しているところです。

これらの実験結果は、自分に何の利益もないのに自腹を切ってまで裏切り者を処罰しようとするのは、裏切られた側の人間の痛みに共感し、裏切り者を痛めつけることに快感を感じていることを示しています。また、異なる一五の小規模社会で同じ反応を示したことは、不公平を快く思わず、裏切り者に制裁を加えることに快感を感じることは、人類にとって普遍的な心理であることを物語っています。第1章でもお話ししましたが、社会正義は理性的な判断なのではなく、情動反応に根ざしていることを示す興味深い実験結果だと思います。

一方、「公共財ゲーム」という人間がどの程度、協力し合えるのかを調べる実験で、次のようなことが分かりました。このゲームは、公共財に対して実験参加者が好きなだけ投資を行うゲームです。面白いところは、自分以外の参加者が投資しなければ損をしてしまうところです。そして、実験参加者同士が協力して投資すればするほど、参加者それぞれが大きな利益を得られるルールになっています。ただ、ルールに抜け道があって、協力しなくても、場

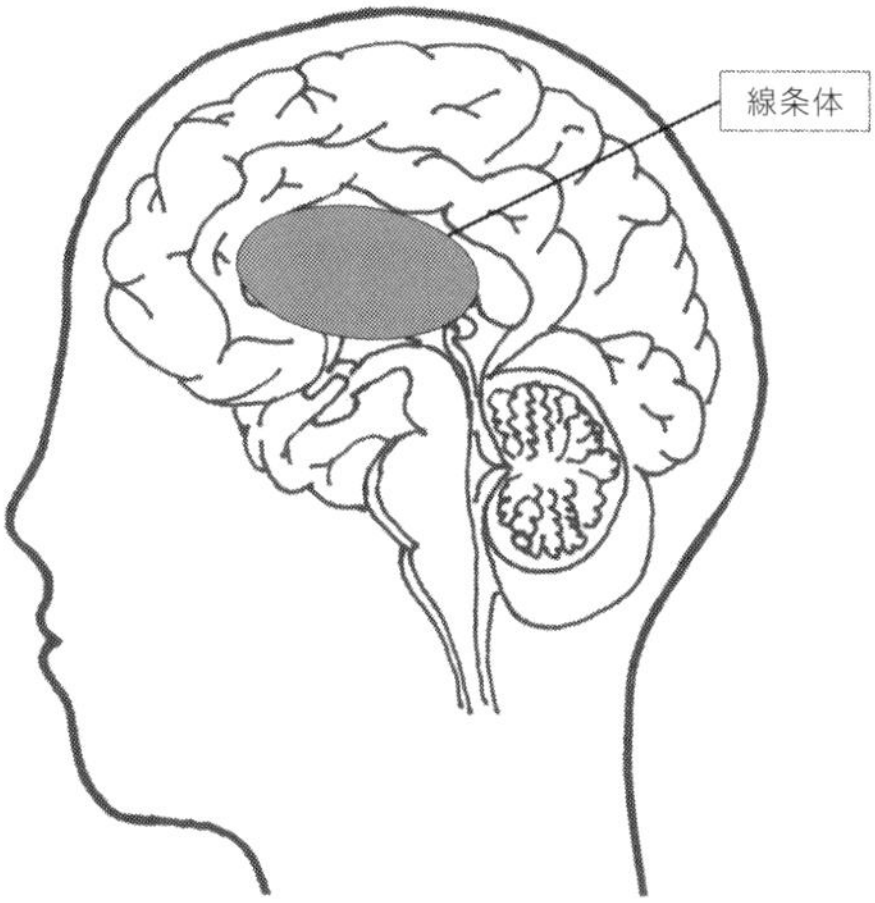

◉**図9**　線条体

合によっては協力するより大きな利益が得られる可能性も残されています。ただ乗りができるのです。

さて、実験結果です。何度もゲームを繰り返すうちに、実験参加者は協力し合うことをやめて、投資もしなくなっていきます。投資をして利益を得ていた人も、だんだんとゲームに参加しなくなります。ただ乗りする人がいるからです。不正をして儲けている人がいるのに、自分だけ正直者でいることがバカバカしくなってくるのでしょう。

実験には続きがあり、途中でルールが変更されます。自腹を切れば、それまでただ乗りしてきた裏切り者に、罰金を科すことができるようになるのです。その結果、実験参加者はルール改正前より多くの投資を行うようになり、最終的には、参加者全員が多くの利益を得るようになったのです（Fehr E & Gächter, 2002)。

この実験で分かったことは、人間は無条件に他人に共感したり、信用したりしないということです。誰かが不正を犯せば、人間関係はたちまちバラバラになってしまいます。無条件で相手を利することを「利他」と言いますが、人間はそれほど美しい利他主義者ではなかったのです。根っ子にあるのは、不正を犯した人物に対する不快感でしょう。社会的動物としての人は、本能的に不公平を嫌悪するのです。

そして、公共財ゲームで象徴的に示されたのは、人間社会の秩序は裏切り者を処罰することによって保たれているということです。自己犠牲を払ってでも、裏切り者を処罰し、社会秩序を回復させせようとするのです。その動機付けとなっているのは、決して理性的な判断ではなく情動反応でした。不公平に対する不快感、裏切り者を処罰することと公平さに感じる快感です。

見返りがあることを前提にお互い助け合うことを互恵性と言いますが、公共財ゲームで見たように、誰もが不公平はいけないと思ってはいるものの、処罰される心配がなければ、つい出来心で不正を働いてしまうのが人間です。情けは人の為ならずとは言うものの、行動経済学の実験で分かったことは、人間はせいぜいその程度の互恵的利他主義者に過ぎないということです。

目は口ほどに物を言う

人間が美しい利他主義者でないことは、人類学の調査でも分かっています。人類が進化の過程で、現代人の特徴を獲得したのは一〇〇万～二〇〇〇万年間続いた狩猟採集社会だとお話ししましたが、その狩猟採集社会での「掟《おきて》」は、無償の愛のような利他主義ではなく、用心深い共有だと指摘されています。すなわち、不公平にならないようにお互い協力し合って監視することが、狩猟採集社会のルールだったようです。狩猟採集社会に関する人類学の膨大な文献を調べたボウムによると、集団の中の誰かがボスザルのような支配的な態度を取ろうとすると、みんなが一致団結して彼を馬鹿にし、仲間はずれにし、暴力を振るい、ときには殺してしまうことさえあったそうです（Boehm, 1993）。

だから、自分の評判が気になるのでしょう。村八分にされないようにするには、自分は抜け駆けするような人間ではないこと、公平で信用に足る人間であることを、みんなに知ってもらう必要があります。九二種類の霊長類の中で、白眼を持つのは人類だけだそうです（Kobayashi H & Kohshima S, 2001）。ほとんどの霊長類は、人間の白眼に当たる部分が茶色で、皮膚の色も茶色です。目が何を見ているのかが、分かりにくくなっています。それに対して、人類の白眼は、目の周囲の肌の色や、目の中心にある虹彩、瞳孔と比べると、大変目立ちます。何を見ているのか、周囲の人にすぐ悟られるような色の配置です。これは、人類以外の霊長類は、何を見ているのかを仲間に知られると、生存に不利になることを意味します。一方、人類だけは、自分が何を見ているのか（何を考えているのか）を、仲間に知ってもらう方が生存に有利になるということです。

「何を考えているのかよく分からない」というのは、ほめ言葉になりませんね。薄気味悪いのです。「人の目をよく見て話しなさい」とも言われます。目力（めぢから）とも言います。ウィキペディアによると、目力とは、目の表情や視線が相手に与える印象のことで、人の精神状態そのものであり、楽しい気分のときは強まり、悲しい気分のときは弱まる、とあります。この「人の精神状態そのもの」という説明は、非常に示唆に富んでいます。人が笑うときのことを考えてみましょう。

作り笑いと本物の笑いは、どこが違うと思いますか。顔には非常に多くの筋肉があります。筋肉には意識的に動かすことができる随意筋と、意識的に動かすことができない不随意筋があります。心臓の筋肉は不随意筋です。作り笑いは随意筋を動かした笑いです。心の底から可笑しいと思ったときの笑い、つまり情動反応に基づいた笑いは不随意筋も動くので、自然な笑い顔になります（Wild B et al., 2003）。カメラの前でポーズを取ったときの作り笑いが不自然なのは、不随意筋が動かないからです。情動反応に基づいた喜怒哀楽は不随意筋も動いてしまうということは、表情は意識的につくることはできない、本音が出てしまうということですね。目は口ほどに物を言うとは、このことを指すのでしょう。文字通り、目は心の窓だったのです。

九二種類もの霊長類の中で、人類だけが白眼を持つということは、自分が何を考えているのか仲間に手がかりを与えた方が生存に有利になるような社会的動物として進化したということですね。人類以外の霊長類は、周囲に自分の考えを悟られない方が生存に有利となるような社会を築いてきたのです。人類の社会は、他の霊長類の社会とどこが違うのでしょうか。私たちは、しばしば人助けをします。それも、道端に人が倒れていれば、縁もゆかりもない人でも助けます。将来、自分に何らかの見返りがあるだろう、などとは考えずに人助けをします。ただし、人助けをすることで評判がよくなり、まったく関係のない第三者から困ったときに助けてもらえるかもしれません。このように外に開かれた助け合いは、間接互恵性と呼ばれています。人類以外の霊長類では、間接互恵性はほとんど見られないそうです。

ときに人を裏切ったり、傷つけたり、ごまかしたり、ウソをついたりすることはしますが、人類は他の霊長類と袂《たもと》を分かち、方向としては、相手の「目力」を信じて公平な態度で接し、お互い助け合って、頼り合って生きていくような新たな進化の道を歩み始めているのかもしれません。第2章では、多くの日本人が不安を感じている背後には、社会経済的格差によって多くの人が病んでいく社会の病理が横たわっていることを見てきました。飢えという絶対的な貧困を克服した現代社会は、**健康格差をいかに克服するか**というこれまで人類が経験したことのない新たな課題に直面しています。子どもの貧困をはじめとする健康格差は、自己責任、親の責任として突き放すことはできないことを、これまで見てきました。「情けは人のためならず」で、社会的動物として進化した人類は、人の不幸を見て見ぬ振りすると、最終的には災いが自分の身に降りかかってくることを、本能的に察知するのです。だから、人は誰でも、身内でなくとも直接的な見返りを考えないで困っている他人を助けようとするのでしょう。

人類は、科学技術を駆使して自然を自分たちに都合のいいように改変し（自然を社会化し）、文明を高度に発達させ、人口を増大させてきました。それも、社会的動物の本能として群れの秩序を維持できる以上に、急速に人口を増大させたのです。自然を社会化した代償として、人類だけがもつこの間接互恵性をより進化させる必要性に迫られていると言えるのではないでしょうか。

ただ、大きな課題が、私たち人類の前に立ちはだかっています。第3章の中ごろで指摘したように、共感は相手を選びます。他人の痛みを自分の痛みとして感じる心は、万人に対して公平に開かれてはいません。人は、仲間内の痛みに対しては共感しますが、利害関係の対立する相手の痛みには共感するどころか、ときに快感さえ感じてしまう残酷な一面もあわせ持っています。集団間の交流がとぼしい格差社会では、人は、除け者にされないよう必死に所属集団にしがみつき、自分たちを守ろうとよそ者に対しては排他的、攻撃的になります。劣等感に苛まれた負け組は、自分の優位性を取り戻そうと、身近にいる弱い人たちを差別的に扱うようになるでしょう。男性間から男女間の差別へと向かった負の連鎖は、今度は、外国人、障がい者など社会的弱者・少数者へと向かっていくことでしょう。

他人の痛みに共感する優しい心をもち、本能的に不公平を嫌う正義感あふれる人間に、なぜ、このような限界があるのかもお話しましたね。人類は一〇〇万〜二〇〇〇万年間続いた狩猟採集社会で、生存率を上げるために群れの規模を大きくしていきました。それとともに、脳も大きくなりました。集団規模が大きくなればなるほど、仲間とうまくやっていくために、より高度な情報処理が必要になってくるからです。そして、人類にとって居心地のいい適切な集団規模は一五〇人でした。いまの日本人の脳の大きさも、当時と変わりません。狩猟採集社会から農耕社会、産業革命を経て工業社会、情報社会へ、そして、爆発的に人口が増大し、生活環境が劇的に変化しても、共感できる仲間の数は一〇〇万年前から変わっていないのです。人間の情動反応が適切に反応できる集団規模は、たった一五〇人なのです。

この情動反応の限界を、いかに乗り越えるかが今後の課題です。ハーバード大学の哲学者、グリーンは、情動反応の**壁**を乗り越える手立てとして、「メタモラル」を提唱しています（Greene JD, 2013）。情動反応や直観に頼らない理性的な計算による解決策に活路を見出そうとしているのです。しかし、筆者は、グリーンの提案を素直に受け入れることはできません。なぜなら、第1章でお話したように、すべての感覚情報は、理性的な判断を行う大脳新皮質に情報が届く前に、情動反応の中枢、扁桃体に到達します。そして、扁桃体の反応は無意識に起こります。人間の思考は、まず直観、理由は後付けにならざるを得ないのです。私心をなくし、すべての人に公平に開かれたメタモラルが本当に可能なのか、疑問が残ります。「それができたら苦労はしないよ」と、思ってしまうのです。

とはいえ、一五〇人の情動反応の壁を乗り越えるモラルをどうやってつくっていくかは、格差が激しさを増しているいまの日本社会にとって喫緊の課題であることは間違いありません。格差社会は、分断社会でもあります。分断社会にあっては、対話（ダイアローグ）が重視されます。異なる価値観、多様性を尊重しよう、といわれます。確かに、それはその通りです。できる限り、対話や異なる価値観を尊重する努力は必要です。しかし、どうやっても、お互い理解し合うことができない「頑固さ」も、それぞれが持ち合わせているのではないでしょうか。家族や地域の分断が進む、原発事故後の福島で暮らす筆者には、そう思えてなりません。お互いの「頑固さ」を受け入れて、お互いを理解し合うのでは**ない**仕方での共存のあり方が求められているのだと思います。

【注】

（1）「原発事故でいじめ 中1男子が手記」『朝日新聞』（二〇一六年一一月一六日）

第4章

不安・自由・個人

島薗 進

1 夏目漱石が描く不安

芥川龍之介の「ぼんやりとした不安」

一九二七年、作家の芥川龍之介《あくたがわりゅうのすけ》が服毒自殺しました。死後に見出された「或旧友へ送る手記」には、自殺をする理由について、以下のように書かれています。

レニエは彼の短篇の中に或自殺者を描いてゐる。この短篇の主人公は何の為に自殺するかを彼自身も知つてゐない。君は新聞の三面記事などに生活難とか、病苦とか、或は又精神的苦痛とか、いろいろの自殺の動機を発見するであらう。しかし僕の経験によれば、それは**動機の全部**ではない。のみならず大抵は動機に至る道程を示してゐるだけである。自殺者は大抵レニエの描いたやうに何の為に自殺するかを知らないであらう。それは我々の行為するやうに複雑な動機を含んでゐる。が、少くとも僕の場合は唯ぼんやりした不安である。何か僕の将来に対する唯ぼんやりした不安である。

芥川は「ぼんやりとした不安」が自殺の動機の主たるものだと言っています。「僕はこの二年ばかりの間は死ぬことばかり考へつづけた」ともあって、熟慮した末の自殺であることが示されています。

「ぼんやりとした不安」というのでは何が不安だったのか分かりません。彼を苦しめていたものを、わかりやすく言えば、「神経衰弱」や不眠や胃の痛みということになりましょう。ですが、その向こう側には「生きている意味は何か」、「何のために生きているのか」と言った問いがあります。そんな問いを遠ざけておくこともできるはずですが、そうできない。それを「ぼんやりとした不安」と言っていると受け取ることもできるでしょう。

『こころ』の「先生」と「K」の自殺

「不安」と「自殺」というと芥川の師であった夏目漱石《なつめそうせき》のことが思い起こされます。漱石は自殺したわけではありませんが、一九一四年の作品、『こころ』で二人の登場人物の自殺を描き出しています。「先生」のかつての友人であった「K」の自殺と「先生」自身の自殺です。「私」が慕っていた「先生」の自殺の動機について、作品ではKを裏切ったことに対する罪の意識が背後にあることが語られています。Kが思いを寄せていることを告白した「お嬢さん」に対し、「先生」はKに先立って愛を打ち明けわがものにしてしまいました。その後、「K」は自らいのちを絶ってしまったのです。

芥川龍之介肖像（国立国会図書館蔵）

『こころ』の「先生」はKへの罪を償うために自殺をしたのだとすると、その誠実さは尊いものですが、それだけでは分かりにくいと感じる読者も多いでしょう。では、Kの自殺の動機は何なのか。友人である「先生」は愛を打ち明けたKに対して、「精神的に向上心のないものはばかだ」という言葉を投げつけました。この言葉だけで、現代の若者の自殺を想像して納得する人もいるでしょう。「お嬢さん」と「先生」の双方から、自分の存在意義を否認されるような仕打ちを受けて、自信と生きる勇気を失ったと理解できます。他方、「先生」の場合は妻もおり、「私」のように慕ってくる若者もおり、あからさまに疎んじられたというわけでもありません。

「先生」の苦悩を理解する鍵の一つは「さびしい」という言葉にあります。「先生」を慕う「私」が「先生」を訪ねていくと、「先生」は「私はさびしい人間です」という。そして、「ことによるとあなたもさびしい人間じゃないですか。私はさびしくっても年を取っているから、動かずにいられるが、若いあなたはそうは行かないでしょう。動けるだけ動きたいのでしょう。動いて何かにぶつかりたいのでしょう……」と語っています。「私」が「私はちっとも淋しくありません」と応じると、「先生」は「若いうちほど淋しいものはありません。そんならなぜあなたはそうたびたび私の宅《うち》へ来るのですか」と問い返す。『こころ』で「さびしい」という言葉で表現されているものは、「他者の愛を求める心」とも読み取れますが、それは挫折を余儀なくされます。確かめようとして確かめることができないものを人は求めてしまい、裏切り裏切られ続ける。それが「さびしい」という言葉で示唆されているものです。

『行人』の「一郎」の不安

『こころ』で「さびしい」という語で示唆されていることは、別の作品で「不安」という言葉で示唆されていることと重なりあっています。一九一二年から一三年にかけて連載された『行人』では、大学教師である「一郎」の「不安」がえぐり出すように描かれています。一郎の友人である「H」が一郎とともに旅に出て一郎の本心を聞き出そうとします。そして、しばらくして一郎を気遣う「二郎」に手紙で知らせてきます。そこでHから見た一郎が描き出されていきます（『行人』「塵労」三十

夏目漱石肖像（国立国会図書館蔵）

〜）。

寝る前になって手持ち無沙汰なので、囲碁でもやろうかということになる。Hはけっしてゆっくり考えて碁を打っていくわけではないのだが、一郎はまだるっこしくてがまんできず、中途でやめてしまう。

床に入る前になって、私は始めて兄さんからその時の心理状態の説明を聞きました。兄さんは碁を打つのは固より、何をするのも厭だったのだそうです。同時に、何かしなくってはいられなかったのだそうです。この矛盾が既に兄さんには苦痛なのでした。兄さんは碁を打ち出せば、きっと碁なんぞ打っていられないという気分に襲われると予知していたのです。けれども又打たずにはいられなくなったのです。……仕舞には盤面に散点する黒と白が、自分の頭を悩ます為に、わざと続いたり離れたり、切れたり合ったりして見せる、怪物のように思われたのだそうです。兄さんはもう些《ちっ》とで、盤面を滅茶々々に掻き乱して、この魔物を追払うところだったと云いました。（同、三十一）

続いて一郎はHにこのような心理はいつものことであり、それは個人的な病理というより、現代文明の避け難い困難の表れとして捉えていることを告げます。ここで、漱石が述べていることは、現代文明に対する哲学的な省察と病理的にも見える不安が切り離せないものだということです。

目的を見失った生の苦悩

一郎がHに語るのは、彼がつねに陥らざるをえない焦燥ですが、これは家族にもふつうの同僚や他人にも理解しにくいものでしょう。漱石が度々用いた言葉で言うと、「高等遊民」だからこそ抱え込まざるをえない苦悩ということです。Hはそれを受け止めて二郎への手紙で分かりやすく説明してくれています。

兄さんは書物を読んでも、理屈を考えても、飯を食っても、散歩をしても、二六時中、何をしても、其処に安住することが出来ないのだそうです。何をしても、こんな事をしてはいられないという気分に追い掛けられるのだそうです。

「自分のしている事が、自分の目的《エンド》になっていない程苦しい事はない」と兄さんは云います。

「目的でなくっても方便《ミインズ》になれば好いじゃないか」と私が云います。「それは結構である。ある目的があればこそ、方便が定められるのだから」と兄さんが答えます。

兄さんの苦しむのは、兄さんが何をどうしても、それが目的にならないばかりでなく、方便にもならないと思うからです。ただ不安なのです。従って凝《じ》っとしていられないの

です。(同前)

それが朝起きたときから、一日中つきまとっていて、ときに恐ろしくなるといいます。Hは理屈としては分かったのですが「同情は伴」いませんでした。「頭痛を知らない人が、割れるような痛みを訴えられた時の気分で」聴いておりました。そして、「君の言うような不安は、人間全体の不安で、何も君一人だけが苦しんでいるのじゃないと覚《さと》ればそれまでじゃないか」と、生ぬるいと自覚しつつ、慰めらしいことを言います。Hにはそのまなざしが軽蔑のように感じられる一郎の言葉は以下のようなものでした。

人間の不安は科学の発展から来る。進んで止まる事を知らない科学は、かつて我々に止まる事を許してくれた事がない。徒歩から俥、俥から馬車、馬車から汽車、汽車から自動車、それから航空船、それから飛行機と、何処まで行っても休ませてくれない。何処まで伴れて行かれるか分らない。実に恐ろしい。(同、三十二)

Hは一郎が「死ぬか、気が違うか、それでなければ宗教に入るか。僕の前途にはこの三つのものしかない」と語ったことも伝えています(同、三十九)。多くの人々はそのことに気づかないが、現代文明は人が生きる意味を見失わせ、それに直面すれば人は死か狂気に追い込まれざるをえないはずだ、宗教だけが抜け道ではないか。一郎はそう考えています。『行人』の一郎が作者自身の思考を一定程度、担っているとすれば、漱石は作品に自らの不安を描き出すことで、自殺や狂気に陥らずに生き延びる道を探っていたということになるでしょう。その意味では、不安を正面から見据えることこそ、現代を生きる知恵の導き手でもあることになるのです。

2 不安に向き合うこと

『夢十夜』――行く先の分からぬ船

『行人』では抽象的な現代文明批判の理念と鋭敏な知識人の異常心理の表れとして受け取られがちな「不安」ですが、一九〇八年に書かれた『夢十夜』ではもっと身近で、ふつうの人の経験から縁遠くないものとして描かれています。ここで表現されているのは「不安」でもありますが、また、「意味喪失」や「徒労」や「絶望」でもあります。

たとえば「第七夜」は「何でも大きな船に乗っている」と始まっています。「この船が毎日毎夜すこしの絶間なく黒い煙を吐いて浪を切って進んで行く。凄まじい音である」とあります。

「けれども何処へ行くんだか分からない」。日が沈む方へ進んでいるようなので、西へ向かっているようですが、それも確かでない。「自分は大変心細くなった。何時《いつ》陸《おか》へ上がれる事か分からない。そうして何処へ行くのだか知れない」。勢いよく進んでいるようですが、海として見れば何かが動いているのは船の周りだけ。「一層《いっそ》身を投げて死んでしまおうかとも思った」。思いとどまらせるはずの他者として、泣いている女性がいます。また、「星も海もみんな神の作ったものだ」という「異人」がいます。他方、サロンにはまったく気にしていない船客もいるのです。

宗教を信じるという選択肢は取り上げられず、「自分は益詰《ますます》まらなくなった。とうとう死ぬ事に決心した」。それで人がいないのを見て、海の中に飛び込みます。ところが「自分の足が甲板を離れて、船と縁が切れたその刹那に、急に命が惜くなった。心の底からよせばよかったと思った。けれども、もう遅い」。ところがなかなか水中にも届かない。死すらも簡単には成就しません。そのうち船はどんどん遠ざかってしまいます。「何処へ行くんだか判らない船でも、やっぱり乗っている方がよかった」と悟ります。「しかもその悟りを利用する事が出来ずに、無限の後悔と恐怖とを抱いて黒い波の方へ静かに落ちて行った」。

西へ進む船は西洋に向かっているのかもしれず、浄土教の信仰を思い起こさせます。また、創造主である神の信仰も出てきます。だが、どちらも信じることができません。信仰がもてないとすれば、生きていることは意味を奪われているので、死が選択肢となります。しかし、潔く死を受け入れることもできないのです。死を覚悟することによっても、生きがいの根本に関わる不安から逃れられないということでしょう。

『夢十夜』——禅による悟りと焦燥感

「第二夜」は参禅している自分の焦りが話題になっています。和尚と対話を重ねるのですが、自分なりの悟りを提示すると和尚に退けられて引き下がっています。「お前は侍である。侍なら悟れぬはずはなかろうと和尚が云った。そういつまでも悟れぬ所を以て見ると、御前は侍ではあるまいと言った。人間の屑じゃと言った」。

死を覚悟して短刀を脇において「全伽《ぜんか》を組んだ――趙州曰く無と。無とは何だ。糞坊主めと歯嚙《はがみ》をした」。「悟ってやる。無だ、無だと舌の根で念じた。無だというのにやっぱり線香の香りがした」。からだは痛むし、心は落ち着かない。腹が立つ。「苦しい。無は中々出て来ない。出て来ると思うとすぐ痛くなる」。「そのうちに頭が変になった」。周りのものが「有って無いような、無くって有るように見えた。と云って無はちっとも現前しない。ただ好加減《いいかげん》に坐っていた様である。ところへ忽然隣座敷の時計がチーンと鳴り始めた」。「はっと思った。右の手をすぐ短刀にかけた」。以上が「第二夜」のあらましです。

若いころ、夏目漱石は鎌倉の円覚寺で二週間の参禅をしました。実際には漱石はこれほど焦燥して禅を経験したわけではないでしょう。悟りに近づいたと感じた経験もあったかもしれません。『夢十夜』の数年後の『門』という作品では、自らの参禅の経験を思い起こすかのように、主人公の宗助の一〇日間の参禅が描かれています。作品全体で描かれているのは宗助の不安です。参禅はそれに答えを求めようとする試みでした。その結果は挫折というべきでしょうか。「自分は門を開けて貰ひに来た。けれども門番は扉の向側にゐて、敲《たた》いても遂に顔さへ出して呉れなかつた。たゞ、「敲いても駄目だ。独りで開けて入れ」と云ふ声が聞えた丈であった」と書かれています。

『夢十夜』でも『門』でも、漱石は禅の悟りを求めて得られなかったことになっています。宗教的信仰や悟りを求めて得られないというのは漱石の本心で、やむをえないことと考えていたことでしょう。ですが、「第二夜」では、そのことを受け入れられず、夢の中の自己は焦燥感にかられています。悟れないのなら、死を覚悟しなくてはならないと考えているのです。落胆するだけでなく和尚に挑むような姿勢も描かれています。「侍」は「知識人」のことかもしれません。責任感が強いからこそ不安に苦しむという話とも読めます。

『夢十夜』は漱石が自らの心の奥深くに潜む不安の正体を見定めようとして書かれた作品として読むことができます。そこでは死と宗教が度々出てきます。背負わざるをえない過去の罪（第三夜）、報いなき祈り（第六夜、第九夜）、死と引きかえの愛（第一夜、第五夜）、徒労の末の死（第四夜、第十夜）といったふうに、です。

不安に苦しむ人間を描く

『こころ』、『行人』、『夢十夜』と漱石が描いた不安についてかけ足で見てきました。ここから本論ですが、漱石はなぜ繰り返し不安を、また不安に苦しむ人間を描いたのか。自殺に至るような不安をなくしていくことがよいという考えから不安を描いたのでしょうか。それとも不安を抱き、不安に向き合うことに深い意味を見出してそうしたのでしょうか。

確かに「不安」はない方がよいでしょう。「不安」を取り除くこと、軽減することこそ自らの仕事の重要な課題だと考えている職種の人も多数います。昨今では安全・安心を追求すべきだと唱えられることが多いでしょう。「安全」を得るだけでなく「不安」をなくすことが重要だとする立場です。医療やケアの安全、食品の安全、学校や住まいの安全、職場の安全、災害からの安全、安全なサービス、交通安全、治安、国防、原子力の安全、放射能の安全とさまざまな領域がありますが、その多くで「安全・安心」が標語となっています。そこで、不安がない環境をつくることがすばらしい達成だとする理解がゆきわたるようにもなります。

これは「リスク」という言葉の広まりとも関わりがあります。リスクはゼロにはできない。だから完全な安全はない。だが、安心できるレベルの安全を確保しなくてはならない。そして、そのことを受け入れてもらわなくてはならない。そのためには「リスクコミュニケーション」が重要となる。適切なリスクコミュニケーションによって「安心」を広めていく。これは「過剰な不安」を除去することだ。——このように論じられ、それを受け入れている人が多くいます。こうした考え方のなかでは、「不安」は小さければ小さいほどよいことになります。

なぜ、不安に苦しむ人間を描くのか？

漱石の作品群はこうした論調とはだいぶ異なる考え方にそって創作されています。不安は何か大切な真実を表しており、作品は読者に不安に向き合うことを促している。では、違いはどこにあるのでしょうか。

とりあえず、「不安」といっても考えている領域が異なるという答えが返ってきそうですね。「安全・安心」の言説やリスク論は、科学技術や社会制度で統御できるような領域のことに関わっています。サービスや製品を提供したり、環境を整えたりする職務や役割にあたる者には、特定領域のリスクに関わって、受け手にできるだけ「不安」を引き起こさないような対応が求められます。

他方、漱石文学で捉える「不安」、漱石が苦しんだ不安は、個々人の生き方や実存に関わる事柄です。宗教・哲学思想・文学といった人文知や私的な生活実践の領域では重要な論題であって、科学技術や組織として対処することを求められているのとは領域が異なります。このような答えが予想されます。これについては、だんだんと答えていきたいと思います。とりあえずは管理されるリスクも、実存的な不安も自由に関わること、個人の自律や他者との共生への姿勢に関わることであることを示唆しておきましょう。

これから、漱石がなぜ不安を意義深いもの、取り組むに値するものと考えたのかについて、さらに考えていこうと思います。えぐり出すように不安を表現した漱石にとって、そこに自己自身の奥深い真実があったから。これが第一の理由でしょう。漱石は創作活動の初めから自己自身の「神経衰弱」や人間関係の困難について、正面から取り上げていたわけではありませんでした。深刻な苦悩を抱えた主人公を描くのは、一九〇九年に連載された『それから』以後のこと――『門』、『彼岸過迄』、『行人』、『こころ』、『道草』、『明暗』などの作品においてのことでした。漱石の「神経衰弱」は一九〇〇年から三年にかけてのイギリス留学前後に深刻化したとされますが、生涯続いていき、『それから』以後、はっきりと表現されるようになっていきます。

「神経衰弱」の創造性

そして、漱石はそこにこそ自分の創造性の源泉があると考えていました。これが第二の理由です。「神経衰弱」について、漱石はすでに一九〇六年六月七日の弟子、鈴木三重吉にあてた書簡で以下のように記していました。

今の世に神経衰弱に罹らぬ奴は金持ちの魯鈍ものか、無教育の無良心の徒か左らずば、二〇世紀の軽薄に満足するひょうろく玉に候。

もし死ぬならば神経衰弱で死んだら名誉だろうと思う。時があったら神経衰弱論を草して天下の犬どもに犬である事を目覚めさせてやりたいと思う。

また、その少し後（一九〇七年）に刊行された『文学論』の「序」では、次のように述べています。

英国人は余を目して神経衰弱といへり。ある日本人は書を本国に致して余を狂気なりといへる由。賢明なる人々の言ふ所には偽りなかるべし。ただ不敏にして、これらの人々に対して感謝の意を表する能はざるを遺憾とするのみ。

帰朝後の余も依然として神経衰弱にして兼狂人のよしなり。親戚のものすら、これを是認するに似たり。親戚のものすら、これを是認する以上は本人たる余の弁解を費やす余地なきを知る。ただ神経衰弱にして狂人なるがため、『猫』を草し『漾虚集《ようきょしゅう》』を出し、また『鶉籠《うずらかご》』を公にするを得たりと思へば、余はこの神経衰弱と狂気とに対して深く感謝の意を表するの至当なるを信ず。

余が身辺の状況にして変化せざる限りは、余の神経衰弱と狂気とは命のあらんほど永続すべし。永続する以上は幾多の『猫』と、幾多の『漾虚集』と、幾多の『鶉籠』を出版するの希望を有するがために、余は長しへにこの神経衰弱と狂気の余を見棄てざるを祈念す。

『猫』は『吾輩は猫である』、『漾虚集』は「倫敦塔《ろんどん》」、「幻影の盾」などの七編を収録した短編集、『鶉籠』は『坊っちゃん』と『二百十日』と『草枕』の三篇の小説をセットにした作品集です。「神経衰弱」が作品中に形象化されるのは、これらの後の作品群ですが、漱石はそれ以前の諸作品も「神経衰弱」の賜物と考えていることになります。

このように誇り高く不安に苦しむことをよしとするのはなぜなのか。それを理解するには、近代文明と当時の日本に対する漱石の批判的な理解と、それを踏まえた生き方のビジョンを問う必要があるでしょう。

3 「自己本位」と不安

近代文明がもたらしたもの

漱石がなぜ不安を意義深いもの、取り組むに値するものと考えたか、その理由について考えてきています。まず第一に、漱石自身にとって、そこにこそ自己自身の奥深い真実があると感じられたからという理由を挙げました。そして第二に、そこにこそ自分の創造性の源泉があると考えていたからという理由を挙げました。さらに第三に、近代文明と当時の日本に対する漱石の批判的な理解とそれを踏まえた生き方のビジョンについて見ていきたいと思います。第一、第二、第三の理由は相互に関連して一体のものとも捉えることができますが、便宜上、三つの側面から述べています。

第三の理由を考える際、ヒントになるのは、前にもふれた「高等遊民」という言葉です。漱石の作品には、ふつうの職業生活をしないで学問に携わったり、それもせずに時間を持て余しているかのような登場人物が出てきます。パトロンのような存在からお金をもらったり、遺産があったり、大学教員であったり、勤め人の場合にも出世の道から取り残されたような存在だったりするのです。当時、高い教育を受けながら学位取得後、仕事がない若者も多くなり始めていました。漱石はそうした若者を意識しつつ「高等遊民」の語を用いていました。「高等遊民」とは「知識人」や「知識人志望者」ということになるでしょう。高等教育を受けたエリートやエリート予備軍に入りますが、政治や経済の指導者層には距離をとって「個人」として社会に向き合おうとしている人々です。『それから』の主人公「代助」は「高等遊民」であることに誇りをもって社会批判をします。

何故働かないって、そりゃ僕が悪いんじゃない。つまり世の中が悪いのだ。もっと、大袈裟に云うと、日本対西洋の関係が駄目だから働かないのだ。第一、日本程借金を拵らえて、貧乏震いをしている国はありゃしない。この借金が君、何時になったら返せると思うか。そりゃ外債位は返せるだろう。けれども、そればかりが借金じゃありゃしない。日本は西洋から借金でもしなければ、到底立ち行かない国だ。それでいて、一等国を以て任じている。そうして、無理にも一等国の仲間入をしようとする。だから、あらゆる方面に向って、奥行を削って、一等国だけの間口を張っちまった。なまじい張れるから、なお悲惨なものだ。牛と競争をする蛙と同じ事で、もう君、腹が裂けるよ。その影響はみんな我々個人の上に反射しているから見給え。こう西洋の圧迫を受けている国民は、頭に余裕がないから、碌な仕事は出来ない。悉く切り詰めた教育で、そうして目の廻る程こき使われるから、揃って神経衰弱になっちまう。（六）

「二十世紀の堕落」

西洋の圧迫によってもたらされたものは何か。代助はそれをエゴイズムと孤独の問題として捉え、「二十世紀の堕落」と呼んでいます。道義が後退せざるをえない現代、そこに生きていかなくてはならない現代人の困難について語っています。

代助は人類の一人として、互を腹の中で侮辱する事なしには、互に接触を敢てし得ぬ、現代の社会を、二十世紀の堕落と呼んでいた。そうして、これを、近来急に膨張した生活慾の高圧力が道義慾の崩壊を促がしたものと解釈していた。又これをこれ等新旧両慾の衝突と見傚していた。最後に、この生活慾の目醒しい発展を、欧洲から押し寄せた海嘯《つなみ》と心得ていた。

この二つの因数《ファクター》は、何処かで平衡を得なければならない。けれども、貧弱な日本が、欧洲の最強国と、財力に於て肩を較べる日の来るまでは、この平衡は日本に於て得られないものと代助は信じていた。そうして、かかる日は、到底日本の上を照らさないものと諦めていた。だからこの窮地に陥った日本紳士の多数は、日毎に法律に触れない程度に於て、もしくはただ頭の中に於て、罪悪を犯さなければならない。そうして、相手が今如何なる罪悪を犯しつつあるかを、互に黙知しつつ、談笑しなければならない。代助は人類の一人として、かかる侮辱を加うるにも、又加えらるるにも堪えなかった。

エゴイズムと孤独を余儀なくされる現代人という課題は、物語のなかでは三角関係で苦しむ主人公を通して明らかにされていきます。出口のない疑いや罪の意識や際限のない不安に閉じ込められていく個の内面が描き出されていくのです。『それから』の代助もそうですが、『こころ』の「先生」や『行人』の「一郎」は三角関係を通して抜き差しならない自己閉塞に陥っていきます。「生活慾《よく》」と「道義慾」の間で出口がなくなっていく主人公たちが描かれていきました。

ですが、その一方で、漱石はそうした困難のなかで生きていくための指針となる理念を提示してもいました。『こころ』の連載が終わった一九一四年の秋、学習院で行われた講演、「私の個人主義」で語られているのはそうした前向きの倫理性です。

何をしてよいか分からない自己

「私の個人主義」で漱石は、英文学を学んで教員となったものの、「文学は解らずじまいだった」と述べています。「私の煩悶は第一ここに根ざしていたと申し上げても差支えないでしょう」。教師になっても何を教えていいか分からない。「腹の中はつねに空虚でした」。「私はこの世に生まれた以上何かしなければならん、といって何をして好いか少しも見当がつかない。

私はちょうど霧の中に閉じこめられた孤独の人間のように立ち竦んでしまったのです」。そこで大学卒業後、松山や熊本で、そして外国留学の機会を得て、「できるだけ骨を折って何かしようと努力しました」。

ここで漱石が述べているのは、書物を山ほど読み、学問を深め、他者の思想に学んで、自己の拠り所を固めようとすることでしょう。「しかしどんな本を読んでも依然として自分は嚢の中から出るわけにまいりません」。「この嚢を突き破る錐はロンドンじゅう探して歩いても見つかりそうになかったのです」。「ロンドンじゅう探して歩」くというのは、膨大な量の文学書や哲学書を読み、自分なりの文学理解と人間理解を得ようとすること、そして探しているものが「見つかりそうになかった」というのは、焦燥にかられて「神経衰弱」に陥った事態を指すものでしょう。

ロンドンで得た「悟り」

ですが、そこで「悟り」があったと講演者、漱石は語っています。

この時私は始めて文学とはどんなものであるか、その概念を根本的に自力で作り上げるよりほかに、私を救う途はないのだと悟ったのです。今までは全く他人本位で、根のない萍《うきぐさ》のように、そこいらをでたらめに漂よっていたから駄目であったという事にようやく気がついたのです。私のここに他人本位というのは、自分の酒を人に飲んでもらって、後からその品評を聴いて、それを理が非でもそうだとしてしまういわゆる人真似を指すのです。一口にこう云ってしまえば、馬鹿らしく聞こえるから、誰もそんな人真似をする訳がないと不審がられるかも知れませんが、事実はけっしてそうではないのです。近頃流行《はや》るベルグソンでもオイケンでもみんな向うの人がとやかくいうので日本人もその尻馬に乗って騒ぐのです。ましてその頃は西洋人のいう事だと云えば何でもかでも盲従して威張ったものです。だからむやみに片仮名を並べて人に吹聴して得意がった男が比々（どれもこれも）皆是なりと云いたいくらいごろごろしていました。他《ひと》の悪口ではありません。こういう私が現にそれだったのです。

借り物の知識や理念をわがもの顔に語っていても「内心は不安です」。「手もなく孔雀の羽根を身に着けて威張っているようなものですから、それでもう少し浮華《ふか》を去って摯実《しじつ》につかなければ、自分の腹の中はいつまで経ったって安心はできないということに気がつきだしたのです」。

ここでは「不安」の力が示されています。不安をなだめて忘れるように仕向けたりしません。なぜ不安が生じるのか、その本質を直視することによってこそ、自己の足場が見えてくるはずです。

4 自己本位と不安の関係

「自己本位」に至る

「自己本位」とは何でしょうか。一つには、日本人として西洋人と異なるところを認めて、自分なりの見方考え方を大切にすることです。「たとえば西洋人がこれは立派な詩だとか、口調が大変好いとか云っても、それはその西洋人の見るところで、私の参考にならん事はないにしても、私にそう思えなければ、とうてい受売をすべきはずのものではないのです。私が独立した一個の日本人であって、けっして英国人の奴婢《どひ》でない以上はこれくらいの見識は国民の一員として具えていなければならない上に、世界に共通な正直という徳義を重んずる点から見ても、私は私の意見を曲げてはならないのです」。

こうして手に入れたのが「自己本位」という言葉です。「自白すれば私はその四字から新たに出立したのであります」。ロンドンの漱石は「神経衰弱」の末に、イギリス人に向かってどう振る舞えばよいか覚悟が決まった。それは単に留学生の異文化適応のノウハウというようなものではない。教員として、また作家として、ひいては人間としての拠り所となるものの体得があったと語っています。

その時私の不安はまったく消えました。私は軽快な心をもって陰鬱なロンドンを眺めたのです。比喩で申すと、私は多年の間懊悩した結果ようやく自分の鶴嘴をがちりと鉱脈に掘り当てたような気がしたのです。なお繰り返していうと、今まで霧の中に閉じこまれたものが、ある角度の方向で、明らかに自分の進んで行くべき道を教えられたことになるのです。

ここには留学中の「神経衰弱」からの回復期の、明るい自意識が反映しています。また聴衆の若者たちへのサービス精神を読み取ることもできます。実際には、漱石の「神経衰弱」はその後も反復的に悪化しました。『行人』の執筆期には最悪の時期を経過し、『こころ』の執筆時には回復しており、その連載終了後に『私の個人主義』は書かれています。明治天皇のご大葬の日に妻を道連れに殉死した乃木希典《のぎまれすけ》とは対照的に、『こころ』の「先生」は妻と「私」をつき離すかのように一人で自らのいのちを絶ちました。『こころ』は乃木殉死を強く意識して書かれた作品ですが、そこには乃木とは異なる生き方の自覚も含まれていたようです。『私の個人主義』の「自己本位」はロンドンで見出されたものに由来するとしても、『こころ』に至るまでの創作活動を通して確証されていったものと見る方がよいでしょう。

自己本位と権力

『私の個人主義』はロンドンでの悟りについて語った後、以上はこの講演の「第一篇」であって、これから「第二篇」に移るとしています。そしてそこから「権力」(権力と金力)および「他人」という論題が取り上げられていくのです。「自己本位」は自己の個性を尊重することですが、ここで「権力」(権力と金力)について自覚しなくてはならないといいます。今後、「あなたがたに付随してくる」第一のものは「権力」だ、と。「あなたたちは貧民より権力が使えるということ」です。

若者が「自己本位」に徹し、仕事をしながらこれこそ自分のものだというところまで進んでいくと、「幸福と安心」が得られます。「なぜそれが幸福と安心をもたらすかというと、あなたがたのもって生まれた個性がそこにぶつかってはじめて腰がすわるからでしょう」。ところが、権力と金力は「個性を拡張するために、他人の上に誘惑の道具として使用しうるしごく重宝なものになるのです」。漱石は力によって他人の自由を奪い、そのことに気づかないという事態について述べています。そして、だから力は「非常に危険なのだ」といいます。これは見えにくい暴力について述べているものです。ある個人にとっての安心が他者にとっての恐怖や不安をもたらしていることがあるのです。

「自分が好いと思ったこと、好きなこと、自分と性の合うこと、幸いにそこにぶつかって自分の個性を発揮させて行くうちには、自他の区別を忘れて、どうかあいつもおれの仲間に引きずりこんでやろうという気になる。その時権力があると前いった兄弟のような変な関係ができあがるし、また金力があると、それを振りまいて、他《ひと》を自分のようなものに仕立て上げようとする」。ここで「前いった兄弟」というのは、釣りが好きな兄と釣りが嫌いで本を読むのが好きな弟の話です。兄は弟をもっと明るく幸せにしてやるつもりで、弟に釣りに行くことを命じます。ところがそれが重なるほど、弟はますます釣りが嫌いになってしまうという話です。この話は漱石の作品の中で取り上げられる人間関係に通じるものがあります。漱石は生徒らに「自己本位」だけでは不十分で、「権力」が関わる支配や抑圧に敏感でなくてはならないと教えています。

他者の自由を尊ぶ個人主義

権力、金力の問題にふれて、漱石は『私の個人主義』の結論を提示します。

それで私は常からこう考えています。第一にあなたがたは自分の個性が発展できるような場所に尻を落ちつけべく、自分とぴたりと合った仕事を発見するまで邁進しなければ一生の不幸であると。しかし自分がそれだけの個性を尊重し得るように、社会から許されるならば、他人に対してもその個性を認めて、彼らの傾向を尊重するのが理の当然になって来るでしょう。それが必要でかつ正しい事としか私には見えません。……自分が他《ひと》から自由を享有している限り、他にも同程度の自由を与えて、同等に取り扱わなければならん事と信ずるよりほかに仕方がないのです。

こうした個人主義は義務や責任と不可分です。個性の発展とともに、他人の個性を尊重します。そして党派心がなく理非がある個人主義です。また、単なる個性の発展ではなく、立派な人間であることと切り離せない個人主義であり、道義上の個人主義でもあります。

社会主義が広がりつつあった時代でしたが、漱石は社会主義に共鳴する立場をとりませんでした。また、国家神道の影響が強まり、天皇崇敬による国民的連帯が強く鼓吹される時代でしたが、漱石は乃木将軍夫妻の殉死を強く意識しながら、あえて孤独な「先生」の自殺を描き出しました。『こころ』の先生の「さびしさ」が思い起こされる個人主義論です。

他者との差異を自覚する不安

『私の個人主義』は一〇〇年以上を経た現在でも、まことにもっともな論と受け止められます。筆者の立場から付け加えておくべきことは、これを実現するのは容易でないということでしょう。このような個人主義は他者との連帯を簡単には前提としないので、手軽に「安心」を保証するものではありません。また、他者との権力関係に鋭敏なので、つねに暴力への恐れを伴うものとなるでしょう。すなわち、この個人主義は不安と背中あわせのものなのです。

漱石は不安を超えたところに「自己本位」があると言いました。ですが、その先により普遍的な不安があります。道義的な個人主義とはそのような不安を排除せず、つねに保持しようとし続ける態度となるでしょう。それは道義的な自由、人格的な自由の場をますます狭めていくように感じられる近代文明に対して、批判的なまなざしを注意深く働かせ続ける態度でもあります。漱石が知識人の責任を強く意識したのは、このような考え方に基づくものです。

漱石がなぜ不安を意義深いもの、取り組むに値するものと考えたのか、その理由についてまず第一に、漱石自身にとって、そこにこそ自己自身の奥深い真実があると感じられたからという理由を、第二に、そこにこそ自分の創造性の源泉があると考えていたからという理由を挙げました。第三に、近代文明と当時の日本に対する漱石の批判的な理解とそれを踏まえた生き方のビジョンについて見ようとしてきました。道義的な個人主義の立場にとって不安は不可欠です。それは、安易な連帯の前提から生じる権力性に敏感で、社会に不安と自由の場があり続けることに責任を感じるからでもあります。

第5章

不安を遠ざける社会

島薗 進

1 社会から不安を取り除く

「鬱かなと思ったら早めのソーマ」

社会から不安を取り除く――こんな「理想」が支配する世界を描いた物語があります。オルダス・ハクスリーの『すばらしい新世界』です。一九三二年に発表されたこの作品は、人類がアルファ、ベータ、ガンマ、デルタ、エプシロンの階級別に大量生産され、「フォードさま」の意思のままに統制される未来世界を描いています。この世界では人間は試験管で製造され、女性は妊娠してはならないことになっています。しかし、セックスは大いに奨励されていて、セックスを楽しめない人間は異常と見なされるのです。セックスが奨励されているのは、快楽を感じて、無駄に悩むようなことをしない人間が善しとされているからです。

セックスが大好きなヘンリー・フォスターという人物が登場します。火葬場の上を飛行するとき遺体を燃やす火が昇るのを感じると、ふっと憂うつな気分になります。人が死んだことを意識したからです。

ヘンリーはため息をついた。それから、何かを吹っ切るように明るい声になった。「でも、今のがどういう人間だったにせよ、ひとつだけ確かなことがある。それは生きているあいだ幸せだったということだ。〝今は誰もが幸せだ〟」。（黒原敏行訳、光文社古典新訳文庫、二〇一三年、一一〇ページ）

身近なこととして死を意識すると不安になるのですが、そんな不安は役に立ちません。いまを楽しむことこそ善いことなのです。

四〇日間もの間（この社会ではセックスの相手はどんどん変わるのがふつう）、ヘンリーのセックスフレンドを続けているガールフレンドのレーニナ・クラウンが「そう、〝今は誰もが幸せだ〟」と「こだまを返すように」言います。「ふたりとも一二年間、その言葉を毎晩一五〇回ずつ聴いたのだった」（同前）。これは彼らが「睡眠教育（ヒプノペディア）の原理」にそった教育を受けてきたということです。

睡眠教育で唱えられる言葉には「一立方センチのソーマは一〇人の憂鬱を癒す」（八三ページ）というのもあります。〝A gramme in time saves nine〟という標語もあり、訳者は「鬱かなと思ったら早めのソーマ」と訳しています。

「幸せな世界」のためのさまざまな装置

「ソーマ」というのは、不安などの暗い気分を吹きはらって多幸感を与えてくれる薬であり、これを飲まないで、暗い顔をしている人間は異常と見なされます。これはフォードさまの理想にのっとったものです。一九八〇年ころから世界的に広まっていた手軽な抗うつ剤、SSRI（選択的セロトニン再取り込み阻害剤。軽いうつ病症状の軽減をもたらす薬で、プロザック、パキシル、ルボックスなどの製品名で普及）が思い起こされます。これが『すばらしい新世界』がリバイバルでよく読まれるようになった一つの理由になっています。

さて、不安を遠ざけるという大義に従う、「西ヨーロッパ駐在統制官」のムスタファ・モンドの教育は次のようなものです。

「幸運な少年たちよ！」とムスタファ・モンドは言う。「きみたちは楽な気分で生活できるようありとあらゆる方策をとってもらっている――できるだけ感情を持たずにすむように計らってもらっている」（六五ページ）

「安定性《スタビリティ》」とムスタファ・モンドは言った。「安定性。社会の安定なくして文明はありえない。個人の安定なくして社会の安定はありえない」その声は喇叭の音だった。聴いている生徒たちは自分の身体が大きく、温かくなったように感じた。（六二ページ）

幸せ感とともに暮らすためのさまざまな社会装置があります。子どもたちのしつけに使われる「桃色お遊戯」とか、七〇〇〇室ある部屋で行う「団結儀式」、感覚を陶冶する「触感映画《フィーリー》」

などなど。だが、切り札ともいうべきは「ソーマ」です。

さて――これが進歩というものだ――今の高齢者はばりばり働き、セックスをし、暇を持て余さず、愉しみを求めつづけ、ぼんやり考えごとをしたりしない――不運にも充実した時間にぱっくり裂け目が開いてしまったときには、ソーマがある。半グラムで半日休暇をとったような効果、一グラムで週末を愉しんだような効果、二グラムで豪華東洋の旅を満喫したような効果、三グラムで永遠の闇に浮かぶ月世界に遊んできたような効果がある。これでもう裂け目を飛び越えてしまい、勤労と娯楽の堅固な地面に立ち、触感映画を次々に観て、弾みのいい娘を取っ換え引っ換えし、電磁ゴルフのコースで心ゆくまで……（八五ページ）

個人であろうとすること

この快楽あふれる「フォードさま」の世界になじめないのが、主人公の一人、バーナード・マルクスです。「アルファ・プラス」という高い階級に属する心理学者のバーナードは、「変わり者」。製造過程で何らかのミスがあったと見なされています。有能なので排除はされないでいますが、不適切な人物ということです。ヘンリーは「哀れな奴」とも「害のない男」とも言います。しかし、不安にさせられるのはいやなところです。「まず、いろいろなことを独りでやるというあの異常な性癖。独りでやるのは実質的に何もしないのと同じことだ。だって独りでできることなんて何があるだろう」(一二八〜一二九ページ)。確かに眠るとかセックスとかは、人に見られずにやりますが、これは生活の小さな部分で限定的なことだから問題にすることはなく、それ以外のことで孤独を好むというのはまともでないからです。

バーナードと親しくなったレーニナは、バーナードとともに時を過ごすやり方が他と違うのでとまどいます。皆の楽しむところでともに楽しもうと誘うと、バーナードは「人が多すぎるんじゃないか」と尻込みします。それなら「電磁ゴルフはどうか」と誘うと、それは時間の無駄だというのです。

「じゃ、時間は何に使うためにあるの」レーニナはいささか驚いて訊ねた。

どうやら湖水地方を散策するためにあるらしい。バーナードの提案はそれだった。スキドー山の頂上に着陸して、二時間ばかりヒースの草原を歩こうという。「ふたりきりになりたいんだ、レーニナ」

「でもバーナード、夜はふたりきりよ」

バーナードは顔を赤らめて目をそらした。「いやその、ふたりきりで話したいっていうか」

「話すって、何を?」草原を歩きながら話をする――ずいぶん変てこな午後の過ごし方だ。(一二九〜一三〇ページ)

『すばらしい新世界』の紹介はこのへんで止めましょう。この物語は、「社会の安定」が至上価値とされている想像上の未来社会を描き出しています。社会の安定のために、人も製造管理されるものとなり、生物学や心理学が最大限、活用されます。社会の安定のためには個人の心の安定も必要で、そのためには個人が個人であることをやめなくてはなりません。そしてまた、有能に仕事をするのはとても望ましいことですが、それとともにつねに快楽を求めるべきで、決して孤独や不安に陥ってはなりません。個々人が自由になることで社会の安定が崩されるので、知的階層は特に安定した心理でいなくてはならないのです。そのために最も有効な手段は、不安や悲しみを抑えるソーマという薬を飲み、快感を保つことというわけです。

『すばらしい新世界』と『一九八四年』

『すばらしい新世界』はジョージ・オーウェルの『一九八四年』と並ぶディストピア小説として知られています。どちらも英国人の作家が、全体主義的な体制によって、人々の自由が存在しえない未来世界を描いたものです。『一九八四年』では、自由の剥奪《はくだつ》は監視と拷問と洗脳によって行われます。「ビッグ・ブラザー」の教えにそのまま従って、思想を表明しなくてはなりません。嘘《うそ》をほんとと言いくるめるような「ニュースピーク」という言葉の使用法に従わなくてはならないのです。たとえば、軍事と戦争をつかさどる省庁を「平和省Minipax」と言う。強制収用所を「歓喜キャンプJoycamp」と言うなどです。思考までむりやり従わせる社会が描かれています。世界的に「ポスト真実」が話題となった二〇一七年には『一九八四年』が頻繁に話題となりましたが、作品全体では冷たい恐怖政治の社会が描かれています。

一方、『すばらしい新世界』では、人々を幸福感にあふれさせる社会が描かれています。高度の科学技術を使って不安などのマイナスの気分を遠ざけることが支配の手段となっているのです。それらは消費文化が育ちつつあった当時のアメリカ社会を思わせるところがあります。二一世紀に入って以降には、多くの国々でグルメやツーリズムやゲームなどの快楽や楽しみの手段が広められています。なかでもソーマにあたるものとして不安をなくす抗うつ薬があり、大変大きな役割を与えられています。科学技術で不安を取り除き、幸福感を増大させるというのは、二〇世紀以来の資本主義的消費文化を思わせるものです。この作品を読んでいると、現代の消費文化は、不安と孤独から逃げるための支配装置ではなかったのかと思わされます。

『すばらしい新世界』と『一九八四年』では、空想的未来社会の捉え方がかなり異なっています。前者がナチスやスターリニズムによる大虐殺が世に知られる前に書かれたのに対して、後者はナチズムや共産主義の暗い側面がよく知られるようになって書かれたことと関わりがあるでしょう。創作時期は少し古いですが、二一世紀に生きる者が新たな全体主義や高度管理社会に恐れを抱くとき、『すばらしい新世界』の洞察に学ぶところがあると感じるのは理由のないことではありません。それは生命科学や心理学が巧妙に安定や生産性向上のための道具として使われていることにもよります。テクノロジーによる支配は現代においても拡充しており、アクチュアリティをもっています。

それに加えて、『すばらしい新世界』に見られる次のような特徴も挙げられます。そこでは、多くの人々がいそいそと自由の剥奪になじんでいます。これは、ドストエフスキーの『カラマーゾフの兄弟』で、神の存在と人間の自由を疑うイワンが語る「大審問官」の逸話をも思い起こさせます。イワンは進んで自由を捨てる人々をよしとする教会の支配者のことを語ります。イワンという人物を描くことで、ドストエフスキーはやわらかい全体主義の到来を示唆したとも言えるでしょう。

『一九八四年』では残虐な抑圧による自由の剥奪の苦悩が目立つのですが、『すばらしい新世界』では人々が自由の剥奪を自覚せず、むしろ全体主義的な体制の下での幸せにぬくぬくとはまっていきます。ヘンリー・フォスターやレーニナ・クラウンはそのような人物像に造形されていきます。ただ、レーニナの場合は、そのような自由の放棄の上に成り立つ幸せになじまないバーナード・マルクスに惹かれていきます。全体主義的な体制の下での幸せに完全に同化しているわけではありません。そもそもバーナードのような人物がいるということは、「安定」を至上価値とする「フォードさま」の社会が磐石ではないことを示唆しているのです。

2 不安と自由

破滅的な事態の中でも平静な人間

『すばらしい新世界』の登場人物たちを厳しく捉えれば、人間性の破壊という破滅的な事態の中にあっても平静で幸せでいられる人間ということになります。ですが、そうなると空想世界のひとごととばかりは言えなくなってきます。そこには、二〇世紀の全体主義から二一世紀の高度管理社会へと引き継がれていく何かが描かれているのではないでしょうか。

「人間性の破壊という破滅的な事態の中にあっても平静で幸せでいられる人間」ということで、多くの現代人の記憶に刻みつけられた人物がいます。それはアイヒマンです。アドルフ・アイヒマン（一九〇六～六二）は、ドイツのアウシュヴィッツ強制収容所の所長だった人物です。ナチスの親衛隊の中佐まで昇進し、ユダヤ人をアウシュヴィッツに移送し、大量虐殺を行う責任者の一人でした。戦後、アルゼンチンに逃亡しましたが、一九六〇年にイスラエル諜報《ちょうほう》特務庁（モサド）によってイスラエルに連行され、翌年、人道に対する罪や戦争犯罪の責任などを問われてエルサレムで裁判にかけられ死刑判決が下されました。

ドイツからアメリカに亡命した政治哲学者のハンナ・アーレントはエルサレムに赴いてこ

の裁判を傍聴し、『ザ・ニューヨーカー』に寄稿し、アイヒマンの死刑執行後に書物として刊行しました（ハンナ・アーレント『イェルサレムのアイヒマン――悪の陳腐さについての報告』みすず書房、一九六九年、原著、一九六三年）。アーレントは死刑判決を支持しつつ、裁判がうまく解きほぐすことができなかったいくつかの問題を取り上げて論じていますが、とりわけ大きな問題として焦点を当てたのは「この罪を犯す新しいタイプの犯罪者について」の認識でした（二一一ページ）。

『イェルサレムのアイヒマン』の副題に「悪の陳腐さについての報告」とあるのは、そのことを示しています。「悪の陳腐さ」は「凡庸な悪」とも訳され、多くの場面で引き合いに出されます。たとえば、たくさんの人々の運命に関わるような事柄につき、惨事を引き起こす決定をした組織人がシラっと嘘をついて、何ら責任を感じていないというような場合です。アジア太平洋戦争の「戦争責任」もそうですが、水俣病や原発事故などではあちこちに「アイヒマンのような人物」がいることになります。組織でものごとを行っていると、責任者が誰かはっきりしなくなり、誰もが責任を痛切に感じなくなります。数百万人の死を命じたアイヒマンはそうした「不安を感じず責任を自覚しない組織人」の原型でもあります。

凡庸な悪と全体主義の時代

法廷でのアイヒマンの最後の発言で、アイヒマンは「私は皆に言われているような冷酷非情の怪物ではありません」と述べました（一九一ページ）。アーレントはアイヒマンの発言を次のように要約しています。

裁判にかけた自分の期待は裏切られた。自分は真実を語ろうとして最善をつくしたのに法廷は自分を信じなかった。法廷は自分を理解しなかった。自分は決してユダヤ人を憎む者ではなかったし、人間を殺すことを一度も望みはしなかった。自分の罪は服従のためであるが、服従は美徳として讃えられている。自分の美徳はナッィの指導者に悪用されたのだ。しかし自分は支配層には属していなかった。自分は犠牲者なのだ。そして指導者たちのみが罰に価するのだ。（同前）

アイヒマンは他者の代わりに自分が裁かれていると感じていました。アイヒマンは自分は「ふつうの人間」で、何かだいそれたことをしたわけではないと述べています。そう信じていたのです。所長として大量虐殺を引き起こす多くの命令を下したわけですから、責任を問われるのは当然のことです。ところが、アイヒマンはそれを自分個人の意志によるものと考えていません。それと密接に関連して、自分にも責任があるなら、他の多くの人々にも責任があることになるという認識があるのです。彼は同時代を生きた多くの人々と自分はあまり変わったところはないと考えています。確かに「人非人」、「極悪人」などといえるタマではありません。アーレントもそう捉えています。アイヒマンの弁解には人類社会の新しい経験が反映しており、この裁判が直面した難しい課題の一つだったと論じています。

アイヒマンという人物の厄介なところはまさに、実に多くの人々が彼に似ていたし、しかもその多くの者が倒錯してもいずサディストでもなく、恐ろしいほどノーマルだったし、今でもノーマルであるということなのだ。われわれの法律制度とわれわれの道徳的判断基準から見れば、この正常性はすべての残虐行為を一緒にしたよりもわれわれをはるかに慄然とさせる。なぜならそれは——ニュールンベルク裁判でくりかえしくりかえし被告やその弁護士が言ったように——、事実上 hostis generis humani（人道に対する罪—島薗注）であるこの新しい型の犯罪者は、自分が悪いことをしていると知る、もしくは感じることをほとんど不可能とするような状況のもとで、その罪を犯していることを意味しているからだ。（二一三ページ）

「ふつうの人間」に近いということと、責任を自覚しないということとの間には大きな距離があります。別の箇所で、アーレントはアイヒマンの性格の決定的な欠陥は、「或る事柄を他人の立場に立って見るということがほとんどまったくできないということだった」（三七ページ）と述べています。攻撃的悪意がなかっただけでなく、責任を自覚できなかったというのは、「ふつう」とはいえない欠陥でしょう。しかし、悪の自覚をもたない人物が途方もない悪を犯してしまうという事実には、全体主義以降の時代のモラルについて、注目しなければならない点があります。これが、アーレントの「凡庸な悪（陳腐な悪）」という特徴づけの重要な点です。

「凡庸な悪」とハイデガーの「ひと」

ハクスリーが『すばらしい新世界』で描こうとした、人間性の破壊という破滅的な事態の中にあっても平静で幸せでいられる人間。アーレントが特徴づけた「凡庸な悪」ゆえに大きな悪を犯してしまうアイヒマンのような人物。両者にはどこかつながるところがないのでしょうか。

アーレントの「凡庸な悪」という概念は、その師であるマルティン・ハイデガー（一八八九〜一九七六）の『存在と時間』（一九二七年）で言うところの「ひと」を思い起こさせます。人間は個人でありますが、日常生活の中では多くの事柄において、他の多くの人々とともに共有された行為連関を受け入れています。いちいち自分で立ち止まり、どのような意義があるのかその理由を考え、自己自身の生きる意味の連関にふさわしいものとして選びとるわけではありません。このように個が埋没し大衆が共有する意味連関・行為連関に、疑念をもつことなく従っている人間のあり方を、ハイデガーは「ひと」（Das Man,「世人」という訳もある）として概念化しています。

公共の交通手段を使用すること、報道機関（新聞）を利用することで、すべての他者は他の者とおなじように存在する。そのように互いに共に存在することで、固有な現存在（人間——島薗注）は「他者たち」という存在の仕方のうちへと完全に解消され、そのけっか他者たちはそのきわだったありかたや明示的なありかたにおいては、それだけますます消えさってしまう。この目立たなさと掴みがたさのなかで、〈ひと〉はほんらいその独裁を繰りひろげるのである。私たちは**ひと**が楽しむように楽しんで、そして満足する。**ひと**が見て、判断するとおりに、文学や芸術を読み、鑑賞し、判断する。いっぽう私たちが「群衆」から身を退くことでさえ、**ひと**が身を退くようにそうするにすぎない。私たちは、**ひと**が憤激するものに「憤激する」。〈ひと〉とは特定のひとではなく、総和としてではないにしても、〈みな〉である。（『存在と時間』（二）熊野純彦訳、岩波文庫、二〇一三年、一一七〜一一八ページ）

個々人がつねにそれぞれの自由において、自己自身の意味連関を問い、自らの実存において行為しているわけではありません。しかし、生きる意味を問うていけば、死すべき人間としての自覚に至ります。限りあるいのちをどう生きるかという、肩代わりしてもらえない問いに向き合わざるをえません。すなわち、「死への存在」（「死に向けて生きている存在」）としての自覚をもち、自ら生きる道を選び取るのが本来的な実存です。それこそが個々の個人であり、他者を個人として受け取る人間だとハイデガーは捉えます。とすれば、「ひと」は無自覚のうちにそのような実存のあり方から離れてしまっていることになります。

実存的自由と不安

「ひと」というあり方においては、個人は自由な個人であることをやめています。したがって、そこには責任の意識も生じようがありません。

〈ひと〉はいたるところに居あわせていながら、現存在が決定を迫られるときには、すでにつねにすがたを消している。〈ひと〉は、にもかかわらず決定することや決断することのすべてをあらかじめ与えておくものだから、そのときどきの現存在からは責任を奪いとってしまう。「ひとびと」が〈ひと〉をいつでも引きあいに出すことこそ、〈ひと〉がいわば任としうるところなのだ。〈ひと〉は、いともやすやすとすべてに責任を取るけれども、それは、なにかを請けあう必要のある者はだれもいないからである。〈ひと〉がつねにその者で「あった」にもかかわらず、「だれも」そうでは「なかった」とやはり語られうる。……〈ひと〉はこのようにして、日常生活においてある、そのときどきの現

存在の**重荷を取り去る**。（同前、一一二一～一一二二ページ）

この「重荷」というのは、そのときどきに自由と責任を意識し、決断をするということですが、それは自由であるがゆえの「不安」とともになされます。

そのような意味での本来的な不安について論じたのは、実存主義の創始者ともされるセーレン・キルケゴール（一八一三～五五）です。不安においてこそ、人は自分自身と出会います。そこから本来的な自覚に基づく生き方が始まるのです。ですが、それは容易なことではありません。

不安はたとえてみれば目まいのようなものである。人の目が大口を開いている深淵《しんえん》をのぞき込むようなことがあると、彼は目まいをおぼえる。ところでその原因はどこにあるかといえば、それは彼の目にあるともいえるし、深淵にあるともいえる。なぜなら、彼はじっと見おろすようなことさえしなければよかったのだから。というわけで、不安とは自由の目まいであって、精神が総合を定立しようとし、自由がいまや自身の可能性をのぞき込んでその身をささえるために有限性につかまるとき、目まいが起こるのである。この目まいのなかで自由は気を失って倒れる。（『不安の概念』桝田啓三郎編『世界の名著四〇キルケゴール』中央公論社、一九六六年、二五九～二六〇ページ、原著、一八四四年）

キルケゴールは自由と責任の生じるところに不安があると言います。そして、その不安において信仰への跳躍も起こると考えます。これが人間の「実存」というものだというのです。実存に焦点を合わせた思想では、不安は人間の本来的なあり方と不可分のものなのです。不安を遠ざけることができるのは、自由が生じるはずの場から目をそらすことにほかならない。こう捉えられます。

3 自由からの逃走

自由を持て余す時代

キルケゴールからハイデガーに至る不安と自由の考察では、神または無（深淵）と向き合う個が問われています。これに対して、「ひと」はある種の共同性を表しており、そこに同化している限りで、人は自由を回避し、不安を遠ざけておくことができるものとされます。

ハイデガーが捉えるのは、「ひと」として表れてくるある種の共同性ですが、これは近代以前の伝統的な社会の共同性というよりは、近代以降の大衆社会で広く見られるようになる共同性のことです。それは、引用した部分で、「公共の交通手段」や「報道機関（新聞）」や「群衆」に言及していることからも理解できます。伝統的な社会では意味世界や行為規範が共有されていて、浮遊する個がいつも決断に直面しているというようなことはありません。共有された意味世界や行為規範が失われていく状況でこそ、個々人は自由に直面し、不安のなかで生きていくことを強いられることになります。エミール・デュルケム（一八五八〜一九一七）が一八九七年の著作、『自殺論』で「アノミー」（規範喪失状況）と呼んだような状況です。

近代化が進むことによって自由は増大します。しかし、近代がもたらすはずの自由は、全体主義のような自由の反対物に転化する性格をもっています。自由と不安が不可分のものであるとすれば、不安に対する向き合い方によって、個々人が自由を体現し拡充するような方向に進むこともできますし、自由を何者かに預けて実質的に自由から逃走するような方向に進むこともできます。全体主義を心理学的に見れば、「自由からの逃走」ということになります。こう論じたのは、エーリッヒ・フロム（一九〇〇～一九八〇）の『自由からの逃走』（東京創元社、一九五一年、原著、一九四一年）です。

自由と不安の拡大の歴史

『自由からの逃走』は自由と不安の関係を、心理学的かつ歴史的な展望において捉えた先駆的な書物です。フロムは「自由」には「……からの自由」と「……への自由」とがあると言います。前者は消極的自由、後者は積極的自由です。人間は個人として成長していく、すなわち個性化していくに先立って、家族やその他の絆のなかに守られています。これをフロムは第一次的絆と言います。子どもはしだいにこの第一次的絆から脱却し個性化していきます。「個性化」とは自己自身の生き方や価値観を見出していくことで「自我の成長」であるはずです。ですが、この過程で同時に孤独も増していきます。この孤独の増大は無力さの自覚をもたらします。これらは「……からの自由」がもたらす結果です。

それに対する応答の一つは権威への服従です。また、不安を増大させ敵意と反抗を強めることもあります。他方、個性を保ちながら「人間や自然に対する自発的な関係」を築いていくという道もあります。後者は新たな愛や仕事を通して、人格の統合を強めていくことです。これが可能となるなら、積極的な自由、すなわち「……への自由」が実現することになります。とはいえ、これは必ずしも容易なことではありません。フロムは中世末期から現代に至る西洋の歴史は、個人の解放の歴史だとしています。そして、この近代の歴史のなかで「……からの自由」に人々がどう応答してきたかを振り返っていきます。

ルネッサンスや宗教改革において、さらに資本主義の形成とともに、力の増大の感覚が見られるとともに、不安と孤独感も増大していきます。ルターらの宗教改革において強調されたのは個人の責任であり、そこにはかつての権威からの独立への社会的意識が反映しています。しかしその一方で、ルターやカルヴァンは人間の根本的な悪と無力とを強調しました。ルターは確実性に対する強烈な希求をもっていましたが、それはつきまとう懐疑を克服しようとする渇望と切り離せないものでした。これは当時の中産階級のジレンマ――封建体制から自由になろうとするが、そこに安定した地位はない――を反映しています。

ルッターの人間像はまさにこのディレンマをうつしている。人間はかれを精神的な権威にしばりつけているあらゆる絆から自由になるが、しかしまさにこの自由が、孤独と不安感とをのこし、無意味と無力感とで人間を圧倒するのである。自由で孤独な個人は、自己の無意味さの経験におしつぶされる。ルッターの神学はこの頼りなさと疑いの感情とを表現している。ルッターが宗教的な言葉でのべた人間像は、当時の社会的経済的な発展の影響をうけた個人と同じ状態をのべている。中産階級のひとびとは、ちょうどルッターが人間の神にたいする関係についてえがいていたのと同じように、新しい経済力のまえには無力であった。（『自由からの逃走』八九ページ）

権威主義的性格

その後の資本主義の発展によって、「……からの自由」はさらに増大しますが、状況は改善されたわけではありません。「個人はますます孤独に、ますます孤立するようになり、自分の外にある圧倒的な力にあやつられる、一つの道具になってしまった。かれは「個人」となったが、途方にくれた不安な個人となった」（一三七ページ）。この不安を和らげる要素はあります。私的な財、名声と権力、家族などが個人を支えましたが、「それらは不安や懸念を根絶させたのではなく、それらをおおった」に過ぎません（一三八ページ）。個人が意識的に安定感を得るのに貢献したかもしれませんが、多くの場合、表面的なものにとどまりました。「……への自由」が優位に立つには至らないということです。

孤独や恐怖や昏迷は依然として残る。ひとはいつまでもそれにたえることはできない。かれは「……からの自由」の重荷にたえていくことはできない。かれらは消極的な自由から積極的な自由へと進むことができないかぎり、けっきょく自由から逃れようとするほかないであろう。現代における逃避の主要な社会的通路はファシスト国家におこったような指導者への隷属であり、またわれわれ民主主義国家に広くいきわたっている強制的な画一化である。（一五〇〜一五一ページ）

続いてフロムは、こうした状況からの「逃避のメカニズム」について論じます。これにはマゾヒズム的傾向とサディズム的傾向があります。前者は個人的自我を消滅させたり、自己の外部の大きく力強い全体の部分となろうとすることで、自由を捨てることです。後者は、他人を完全に支配することで、自己を拡大し他人をも自分の一部にしたかのように感じることです。どちらにも共通するのは他者との一体化であり、「共棲 symbiosis」と捉えられます。孤独にたえられず、自己自身の統一性を失ってしまうのです。依存と支配という異なる方向を向いているようですが、「自由からの逃走」の心理として同等であり、「サド・マゾヒズム的性格」とも呼べるし、「権威主義的性格」とも呼べます。

破壊的な傾向と機械的画一性

権威主義的性格についてフロムは多くを述べていますが、主要な特徴は力に対する依存と自由を束縛するものへの愛です。それが破壊性に向かうことがあり、その動因として不安が作用します。「物質的あるいは感情的な重大な関心にたいして脅威が加えられると、不安が生まれる。そして破壊的な傾向がこのような不安にたいするもっとも一般的な反作用となる」。加えて、必ずしも意識されていないたえまない不安もあります。「この種のたえまない不安は、孤独になった無力な個人の状態から生まれるのであり、そしてこれがかれのなかに破壊性を進展させるもう一つの源泉である」（一九九ページ）。

ハイデガーの「ひと」の叙述に対応するのは「機械的画一性」についての叙述です。これは外界に対して強く反応するタイプの応答ではなく、外界から撤退することで脅威を避けようとするタイプの応答です。指導者崇拝が猛威をふるったファシスト国家にではなく、民主主義国家に広く見られるもの――フロムはそう見なしているようです。しかし、「空気が読めない（KY）」という言葉に親しんでいる現代日本の読者には、全体主義的戦前と民主主義的戦後を通して見慣れたもののように感じられるかもしれません。

この特殊なメカニズムは、現代社会において、大部分の正常なひとびとのとっている解決の方法である。簡単にいえば、個人が自分自身であることをやめるのである。すなわち、かれは文化的な鋳型によってあたえられるパースナリティを、完全に受け入れる。そして他のすべてのひとびととまったく同じような、また他のひとびとがかれに期待するような状態になりきってしまう。……かれらはその周囲の状態にまったくにてしまうので、周囲からほとんどみきわめがつかない。個人的な自己をすてて自動人形となり、周囲からほとんどみきわめがつかない。個人的な自己をすてて自動人形となり、周囲の何百万というほかの自動人形と同一になった人間は、もはや孤独と不安を感ずる必要はない。しかし、かれの払う代価は高価である。すなわち自己の喪失である。（二〇三～二〇四ページ）

誇張された表現ですが、消費文化にあおり立てられ、マスメディアに同調し、群れの一員として感じ行動する傾向が捉えられています。「フォードさま」と同様、大量生産、大量消費の時代の雰囲気をよく伝えている分析です。

4 孤独と不安と向き合う自由

積極的な自由の可能性

とはいえ、自由がもたらす孤独、そして無力感と不安に脅かされた現代人にとって、「自由からの逃走」が唯一の道というわけではありません。フロムはオルタナティブを示しています。「われわれは一つの積極的な解答の存在すること、自由の成長する過程は悪循環とはならないこと、人間は自由でありながら孤独ではなく、批判的でありながら懐疑にみたされず、独立していながら人類の全体を構成する部分として存在できることを信じている。このような自由は、自我を実現し、自分自身であることによって獲得できる」（二八三〜二八四ページ）。

では、自我の実現とは何でしょうか。「われわれは自我の実現はたんに思考の行為によってばかりでなく、人間のパースナリティ全体の実現、かれの感情的知的な諸能力の積極的な表現によってなしとげられると信ずる。これらの能力はだれにでもそなわっている。それらは表現されてはじめて現実となる。いいかえれば、**積極的な自由な全体的統一的なパースナリティの自発的な行為のうちに存する**」（同前）。

「自発的な行為」とは何でしょう。芸術家はそのよい例です。小さな子どもたちも自発性を豊かに示しています。「かれらは本当に**自分のもの**を感じ、考える能力をもっている。この自発性はかれらが話したり考えたりすることのうちに、またかれらの顔に表現される感情のうちにみられる。もし大部分のひとを引きつける子どもの魅力が何であるか問うならば、センチメンタルな月並な理由は別として、私はまさにこの自発性にちがいないと思う」（二八六ページ）。こうした自発的な活動を育ててゆくことによって、人は「かれ自身を新しく外界に――人間、自然、自分自身に――結びつける」からです（二八七ページ）。

自由とデモクラシーの歴史的課題

自発性を発揮して新たに外界に結びつけるものとして、最も重要なのは愛です。この場合の愛とは、「自我を相手のうちに解消するものでもなく、相手を所有してしまうことでもなく、相手を自発的に肯定し、個人的自我の確保のうえに立って、個人を他者と結びつけるような愛である。愛のダイナミックな性質はまさにこの両極性のうちにある。すなわち愛は分離を克服しようとする要求から生まれ、合一を導き――しかも個性は排除されないのである」（同前）。「愛」とともに「仕事」も重要な構成要素です。自発性とともにある仕事とは、「孤独を逃れるための強迫的な行動としての仕事ではなく、また自然との関係において、一方では自然の支配であり、一方では人間の手でつくりだしたものにたいする崇拝や隷属であったりするような仕事でもなく、創造的行為において、人間が自然と一つになるような、創造としての仕事である」(同前)。「愛」「仕事」だけでなく、「官能的快楽」や「共同体の政治的生活への参加」においても、自我の個性を確保するとともに自我や自然や人間に結びつけるものでなくてはなりません。これは個人主義の再肯定ということになります。

「自由とデモクラシー」と題された最後の章でフロムは、目指すべき社会について次のように述べています。

自由の勝利は、個人の成長と幸福が文化の目標であり目的であるような社会、また成功やその他どんなことにおいても、なにも弁解する必要のない生活が行われるような社会、また個人が国家にしろ経済機構にしろ、自己の外部にあるどのような力にも従属せず、またそれらに操られないような社会、最後に個人の良心や理想が、外部的要求の内在化ではなく真にかれらのものであって、かれの自我の特殊性から生まれてくる目標を表現しているというような社会にまで、デモクラシーが発展するときにのみ可能である。これらの目標を表現しているというような社会にまで、デモクラシーが発展するときにのみ可能である。これらの目標はこれまでの近代史のどのような時代にも、十分に実現されることができなかった。すなわち、それらは多くのイデオロギー的な目標にとどまらなければならなかった。その理由は、純粋な個人主義の発展を約束する物質的基盤がかけていたからである。資本主義はこの前提を創りだした。(二九六〜二九七ページ)

以上の引用の最後のところでは、フロムがマルクス主義的な解放の思想の影響を抜けていることがうかがわれます。ドイツから北米への亡命者であるフロムは、全体主義の時代を如実に経験しつつあるなかから、心理学的な問題の重要性を取り上げました。自由と孤独と不安の密接な関係をどう解きほぐして、いかにして良き社会を構想するのか。『自由からの逃走』はその後、頻繁に問われ続けていくこの問題を正面から取り上げた先駆的な業績でした。

二〇世紀の自由と不安

この章では、オルダス・ハクスリーの『すばらしい新世界』(一九三二年)とエーリッヒ・フロムの『自由からの逃走』(一九四一年)を取り上げ、「孤独を持て余す人間」という論題に焦点をあてました。近代化による富と自由の拡充がもたらす孤独が大衆にまで及ぶことによって、逆に自由が奪われる事態が生じます。全体主義が興隆する時代に、ハクスリーとフロムは作家としてまた社会心理学者として、自律的な個人ではなくて大衆に同調する個人が増大する事態に警鐘を鳴らしました。一九三二年と一九四一年に出版された二つの著作では、いずれも自由と孤独が不安と結びつけられています。「自由からの逃走」はまた、「不安からの逃走」でもありました。

ハクスリーとフロムを取り上げた第一節と第三節の間に、アーレントの「悪の陳腐さ」(「凡庸な悪」）とハイデガーの「ひと」の概念とキルケゴールの「不安の概念」についての短い紹介をはさみました（第二節）。これは現代人が苦しむ「不安」が、現代の哲学的主題の一つでもあることを示唆するためです。伝統的な権威や宗教的意味世界をそのまま受け入れることのできない現代人が、自己の存在根拠と向き合い、自己の行為に責任を負おうとするとき、そこに不安が現れてこざるをえません。逆に安易に不安を遠ざけようとするとき、そこには責任の放棄と個人の消滅と暴力の支配が待っています。

ベルリンの壁が崩壊した二〇世紀末から二一世紀の幕開けにかけて、ファシズムと東西冷戦は過去のものとなったかに思われました。ところが、同じ時期にテロリズムと「安全」管理システムの確立が大きな課題となってきました。そこでは新たに「自由と不安」がイシューとなってきているようでもあります。一方、二〇世紀に問われた「不安」がすでに解決したわけでもありません。ハクスリーへの注目度が高まっているのはそのことを証するものなのかもしれません。ハクスリーやフロムが予見した危機が新たな形で再現しているとも言えるでしょう。

第6章

不安が社会を脅かすという専門家

島薗 進

1 原発災害が誘引となった可能性のある自殺

原発事故後の福島県の自殺

二〇一七年三月八日、『河北新報』は「震災・原発対応で疲弊か――福島で自治体職員九人自殺」と題する記事を掲載しました。記事は「福島県と県内市町村の職員の自殺者が二〇一六年度だけで九人に上ることが七日、自治労福島県本部のまとめで分かった。うち五人は今年一～二月に集中していた」と報じています。「東日本大震災と東京電力福島第一原発の複合災害への対応に追われていることなどが背景にあるとみて、県本部は「心のケアが急務だ」などと指摘する」とのことです。しかも、「九人のうち県職員は二人。およそ半数が二〇代後半～三〇代半ば」だとも。同日の『福島民友』紙もこの問題にふれ、今野泰中央執行委員長が、「自殺の要因の一つに長時間労働があると推測し」、「地方公務員のおかれている過酷な状況は変わっていない」と述べたことも伝えています。

同時期に私はこれから帰還が始まるという浜通り（双葉郡）の町村の職員から話を聞く機会がありました。三〇歳代の女性職員は福島原発災害以後、住民とのやりとりでストレスが格段に高まったと述べていました。全住民が避難している地域の自治体ですが、住民の側の求めるものと国や県が提示するものに食い違いが多く、直接住民に対応する各自治体の職員がいわば板挟みとなって苦労します。しかも、そうした苦労が原発災害によるものであるにもかかわらず、職員は状況の改善を求めて訴えるすべもないということでした。自治体が地元に戻る二〇一七年春には、かなりの数の若手職員が辞めていくのではないかと憂えてもいました。

うつ病や不安障害の多発

精神医学の立場から被災者のケアにあたっている医師らも、原発災害による被災者のストレスが深刻なものであり、うつ病や自殺などを引き起こしかねないものであることを懸念しています。『週刊日本医事新報』四七九六号(二〇一六年三月二六日)は「福島の心のケア——廃炉まで四〇年、息の長い支援始まる［震災五年　医療は今］」と題する記事を掲載しています。この記事は福島県で自殺が増えていることを示した論文の共著者である、福島県立医大災害こころの医学講座の前田正治教授の研究成果について紹介しています。この論文は二〇一五年五月の『ランセット』誌(世界的に著名な英国の医学誌)に掲載されたもので、岩手、宮城両県では自殺率が震災以前に戻っているのに、福島県では顕著に増大しているといいます。

前田氏は、震災後に福島県に新設された二つの大規模なメンタルヘルスに関する支援組織、福島県立医大放射線医学県民健康管理センターと、県内六カ所に設置された「ふくしま心のケアセンター」の両組織を主導しています。「県民健康管理センターでは二〇一二年から、避難経験がある二一万人に「こころの健康度・生活習慣調査」を実施。これはコホート調査ではなく、県民を見守る健診という性格のもので、うつ病等が疑われた場合にはカウンセラーが電話支援を行う。このような大規模アウトリーチ型支援は日本で初めての取り組みだ。調査の結果、うつ病や不安障害が疑われる人は約一割。日本の平均より二〜三倍高い値だ」といいます。

福島原発災害が被災住民にもたらした苦悩は深く重いものですが、それを把握し、苦悩の要因を捉え、有効な対策を講ずるのは容易なことではありません。

放射線への不安こそ主要な問題か？

ところが、政府や放射線の専門家、また精神医学者らの中には、比較的単純な前提を置いて、この問題を捉えようとする傾向があります。たとえば、首相官邸ホームページの原子力災害専門家グループのページを見てみましょう。二〇一五年二月三日付で長瀧重信氏は「放射線の健康影響に関する科学者の合意と助言（2）〜今こそ、日本の科学者の総力の結集へ〜」という文章を寄稿しています。長瀧氏はＵＮＳＣＥＡＲ（原子放射線の影響に関する国連科学委員会）の「二〇一一年東日本大震災後の原子力事故による放射線被ばくのレベルと影響」（二〇一三年報告書）にふれながら、以下のように述べています。

福島の原発事故に関して上記の国際機関の報告書では、放射線の生物学的、医学的影響は現在何も発見されていないこと、将来も認識可能な程度の疾患の増加は期待されないことが書かれています。報告書の中では、委員会は過去五〇年以上にわたる科学的な知識に基づいて福島の事故を検証したと記載されています。

しかしながら、「放射線の影響はわからない、低線量被ばくの影響には不確実なところがある」という感覚からくる恐怖や、放射線から逃れるための避難生活などの具体的な影響により、精神的にも、肉体的にも、多くの被災者が苦しまれているのが現状です。

不安を遠ざけるべきとの主張

ここに見られるのは、「放射線による身体への健康影響はほとんど無視できるレベルのものだが、放射線の健康影響への不安や恐怖が大きな悪影響をもたらすので、放射線不安を低減するための対策に力を入れるべきだ」という見解で、政府や放射線の専門家、また精神医学者らが強く主張して実行に移してきたものです。

このような考え方はすでにチェルノブイリ事故後に広め始められています。笹川記念保健協力財団によるチェルノブイリ事故調査で主導的な役割を担い、福島原発災害後も住民の健康被害に関わる医学者および放射線健康影響専門家集団の中心となって活躍した長瀧重信氏は、この考え方を自著で繰り返し述べています（長瀧重信『原子力災害に学ぶ放射線の健康影響とその対策』丸善出版、二〇一二年）。福島原発事故後、「不安を遠ざけるべきだ」とする言説は、放射線健康影響の専門家を中心に政財官学報の各界の多くの人々によって、多くの財を投じて広められるようになりました。

2 放射線による健康不安対策に関する研究

何を知ろうとする研究だったのか？

「平成二四～二六年度環境省原子力災害影響調査等事業（放射線の健康影響に係る研究調査事業）」の「放射線による健康不安対策の推進に関する研究」という研究テーマで採択された「福島県における放射線健康不安の実態把握と効果的な対策手法の開発に関する研究」調査研究チームの調査研究があります。主任研究者は東京大学大学院医学系研究科精神保健学分野の川上憲人教授で、『放射線健康不安の中で生活する福島県の皆さんの心身の健康づくりのために』（二〇一五年三月）と題された報告書がまとめられました。そこには三九人の研究協力者の名前が列記されており、福島医大医学部の公衆衛生学講座や神経精神医学講座の教授も名を連ねています。

報告書の「研究結果の概要」に「研究目的」、「研究結果」、そして「考察と結論」が記されています。まず、「研究目的」はこう述べられています。

原子力発電所事故の後の放射線健康不安が住民に与える影響のうち懸念されるものの

1つは、放射線健康不安のための心身の不調が持続し、そのために住民の生活の質が長期に低下することである。本研究の目的は、1）福島原発事故に伴う避難住民および福島県一般住民の放射線健康不安と心身の健康状態の実態を福島県外住民と比較し把握する。2）放射線健康不安に伴う心身の不調を軽減するプログラムを開発し、その効果を評価し、普及する方策を確立することである。（四ページ）

被災者を苦しめるものは何だったのか？

まず疑問に思われるのは、なぜ、「放射線健康不安が住民に与える影響」だけに焦点をあて、さらにそれによって「放射線健康不安のための心身の不調が持続し、そのために住民の生活の質が長期に低下すること」のみを解明しようとしたのかということです。被災者が被っている困難にはさまざまな要因が考えられます。生活の質の低下はどのようにして起こってきているのか、それをどう改善すればよいのかについて、広く考察がなされていません。このような狭い研究目的を立てれば、生活の質の低下をすべて「放射線健康不安」に結びつけることになりかねません。論点先取により決められていた結論を「確証された」と述べるための研究と疑われても仕方がないでしょう。

他の要因との比較を行ったり関連を問うたりしていないことはこの研究の「結論」の妥当

性を疑わせる重要な理由の一つです。そこには、「放射線への過剰な健康不安こそが主要な問題なので、それを減らしていけばよい」という前提が横たわっているようです。「研究結果」の1は主に「放射線健康不安と精神健康の実態に関する住民調査」によるものです。福島県仮設住宅避難区域住民（五二三人）、福島県一般住民（四四七人）、関東地方住民（六五七人）を対象とする質問票調査です。何がわかったのでしょうか。報告書は「福島県と関東地方住民の差は被災経験および放射線健康不安で説明できることを確認した」（四ページ）といいます。「被災経験」による差が出るのは当然のことでしょう。ところが、どのような被災経験が影響したのか。ほとんど分析はなされていません。

結論を先取りした質問紙調査

たとえば、放射線健康不安の評価尺度は、当初、七項目の質問を尋ねるものでした。

1. 将来、放射線の影響で深刻な病気にかかるのではないかと心配している。
2. 体の具合が悪くなるたびに、放射線を浴びたせいではないかと不安になる。
3. 放射線の影響が子どもや孫など次の世代に遺伝するのではないかと心配している。
4. 原子力発電所の事故に関する報道を見ると、とても不安、または不快になる。
5. 自分が福島県に住んでいたために、他の人から差別された（不公平な扱いを受けた）経験がある。

6．福島県の住民であることを、なるべく人に話さないようにしている。

7．放射線が健康に与える影響について、家族と意見が対立して、もめた経験がある。

この七項目のうち、5～7は必ずしも「放射線健康不安」ではありません。原発事故に由来しますが、「放射線健康不安」そのものとは異なる種類のストレス要因です。では、1～4の要因と5～7とはどう関係しているのでしょう。また、5～7のようなストレス要因はなぜ生じてきたのでしょうか。このような問いを究明しようとする研究は次節で見るようにいくつもあります。ですが、この共同研究ではこうした問いに向かいません。

後に質問項目は増やされて九項目、一四項目となります。ところが、一四項目のうちの追加五項目は「原発事故直後の外部被ばくが心配だ」、「持続的な低線量の外部被ばくが心配だ」、「空気中の放射性物質を吸い込む内部被ばくが心配だ」、「飲み水や食品中の放射性物質による内部被ばくが心配だ」、「除染事業は、放射線の健康影響を小さくするのに役立っている」というものです。回答者はしつこいと感じたのではないでしょうか。これらに「はい」と答えるだけで、自分は「過剰」な不安をもっているのだろうかと思いたくなるかもしれません。このようにして導き出された「放射線健康不安」の度合いとうつ病やPTSDの尺度とを照らし合わせて関連がある、といいます。あるいは活動性の低下と関連があるというのです。これは何か有益な事実関係を見出そうとする調査研究と言えるでしょうか。

どうすれば被災者とケア者を支援できたのか？

次に、「研究結果」の2「放射線健康不安の健康影響の改善プログラムの開発」はどうでしょうか。三つの「放射線健康不安の改善プログラム」が試みられました。①住民を対象とした情報提供（講義）と話し合いプログラム、②保健師を対象としたシアター（朗読と話し合い）プログラム、③住民を対象とした行動活性化プログラム、です。この②と③は不安とか心身不調とかストレス一般の改善に妥当するもので、特に「放射線健康不安」という特定タイプの問題に対応したものではありません。①の中には「リスクコミュニケーション」が含まれていますが、実際、その種の活動に熱心に取り組んで目覚ましい成果を上げたようには見えません。

この三つのプログラムに参加するのは住民以上に保健師です。本文を読むと、この調査研究プログラムはそもそも保健師や看護師・臨床心理士の活動支援に関わるものであったことがわかります。では、参加した保健師や看護師や臨床心理士は、「放射線健康不安を取り除くためのリスクコミュニケーション」に大きな関心をもったのでしょうか。たとえば、②の成果として、保健師の経験をまとめてある箇所があります。

長く続いた災害に関する問い合わせが落ち着いた後、保健師としての通常業務を開始した。開始された業務の多くは、母子保健に関することだったが、保健師はその業務の中から、未だ元に戻っていないということを知った。乳幼児を抱える多くの母親らは、汚染された環境に強い不安を抱えていることが見受けられ、事故後の長い間、屋内で引きこもって過ごしていた。保健師らは、不安定で動揺している母親らやそのような状況の中ですごす子供の育ちが気がかりであった。そこで保健師らは、母親の気持ちを受け止め、正確な情報の提供を行い、母親自身がどうするのかを決めることができるように、最善の対処を行った。正確で明確な情報を手元に置いておくことでもたらされる自信は、保健師らの気持ちの余裕を持つことを助けた。（三九ページ）

「正確で明確な情報」とはどのようなものなのか、この報告書からは読み取りません。しかし、もし「放射線による甲状腺の被害はほとんど出るはずがない」というような情報であったら、かえって住民の信頼を失い、不安やストレスを増すことになったかもしれません。

保健師たちは何を学んだか？

ところが、次の箇所を読むとそういうことではなかったのではないかとも思われてきます。

「こうしなきゃいけないということはないと思うので、そのお母さんがここの線でこういう暮らしなら、ここで暮らしていけると思うラインというか、そこをこっちで認めてあげて、何かやっぱり不安だよねって、ちょっと情報もちょっとずつ大丈夫なんだけどねってことも、押し付けじゃなく、ちょっと提供しつつ、お母さんがここで暮らしていけるんだったら、それでいいと思うよ、そうしていくといいかなということを丁寧に話できるといいのかな」（I氏）

「自主避難にしろ、何にしろそうなんですけど、お母さんがなるべく笑顔でいられる選択をするということが、子どもにとっては一番なんだから、そこで決めたらやっぱりそこはお母さんが笑顔でいられる選択を必ず選ぶようにしてねという、何かいろいろ聞かれたときは、そういうには私は言うようにはしているのですけど」（C氏）（四〇ページ）

これらの記述を読んでみると、参加した保健師らは「不安をもつ必要はない」というような「リスクコミュニケーション」に大きな効果があると思っていたようには感じられません。むしろ、以下のような記述にこの調査研究に参加した保健師らの実感が込められているように思えます。

インタビューを受けた保健師は、災害管理サイクルへの住民中心のアプローチに全身

全霊をかけていた。大災害に原子力の側面もあるため、放射能汚染による身体面・心理面への影響が続いており、これからも長く続いていく。長い間、保健師は孤立と情報不足の二重の脅威に直面していた。今後の災害への対応のために招集されるであろうすべての保健師のために、情緒的ニーズを満たし、効果的な感情面のケアによる彼らのモチベーションを保つことで、彼らの努力を支援することが重要である。（四六ページ）

こうした叙述に筆者は共感を覚えますが、これは「放射線健康不安の軽減のためのプログラムの開発」といったこととは少し距離があるように思います。健康に影響を及ぼす災害によって生じる政府や行政や専門家と住民との葛藤、また住民同士の分断等のなかで、どう住民ケアをしていくかについて、保健師は学んでいるのであり、そのための支援のあり方こそが探求されるべきものであったと思います。

研究の前提は確認されたのか？

では、研究を進めることによって、「研究目的」にあった「放射線健康不安のための心身の不調」という仮説は実証されたのでしょうか。「考察と結論」には、「福島県一般住民における精神的不調・身体症状の増加は軽度であり、被災経験と放射線健康不安がその理由と考えられた」とありますが、「被災経験と」とあるのはなぜでしょう。「放射線健康不安」こそが重要という前提が崩れているからではないでしょうか。では、対策についてはどうなのでしょうか。「福島県仮設住宅住民に対する心のケア（精神医療）および福島県一般住民に対するこころの健康づくり（心理社会的支援）が必要と考えられる」とあって、それは主に「放射線健康不安」を対象としたものなのかどうか、よくわかりません。実際に行われていることは必ずしもそうではないからでしょう。

にもかかわらず、この「研究結果の概要」をまとめた研究者はそのことを自覚していません。「研究結果の概要」は以下のようにしめくくられています。「今後の課題として、福島県の仮設住宅住民および一般住民の放射線健康不安と精神的不調の追跡調査を行いこれらの経時的変化を観察してゆく必要がある。また放射能健康不安の改善に関するプログラムのさらなる効果評価とモデル事業への展開が求められる」。あくまで「放射線健康不安」にこだわっています。何らかのドグマ、あるいは結論先取りがあるように思われてなりません。

3 放射線健康不安ばかりを強調する捉え方の問題点

心理的・精神的被害と放射線不安

原発災害による心理的・精神的被害が広範に生じていることは衆目の一致するところでしょう。『福島民報』は「原発事故関連死」という概念を提示し、それに関わる事例を数多く紹介しています（福島民報社編集局『福島と原発3　原発事故関連死』早稲田大学出版部、二〇一五年）。そこでは原発災害による心理的・精神的ダメージの大きさ、また複雑さとその多様な様態が描き出されています。

心療内科医であり医療人類学者でもある辻内琢也氏はこの問題に関わって多くの論考を著しています（辻内琢也「原発事故がもたらした精神的被害――構造的暴力による社会的虐待」『科学』（岩波書店）第八六巻三号、二〇一六年、同「大規模調査からみる自主避難者の特徴――「過剰な不安」ではなく「正当な心配」である」戸田典樹編『福島原発事故・漂流する自主避難者たち』明石書店、二〇一六年、同「原発災害が被災住民にもたらした精神的影響」『学術の動向』第二二巻四号、二〇一七年）。

本書の共著者である、伊藤浩志氏の『復興ストレス――失われゆく被災の言葉』（彩流社、二〇一七年）からも大きな示唆が得られます。また、福島県中通り地域で原発事故を迎えた母親たちの複雑な苦悩を描いた成元哲教授（中京大学社会学）らの共同研究も意義深いものです（成元哲『終わらない被災の時間――原発事故が福島県中通りの親子に与える影響』石風社、二〇一五年）。これらの研究からは、原発事故による心理的・精神的被害はさまざまな要因によってもたらされているのであり、放射線による健康被害への不安こそが主要な要因であるなどと即断できるようなものではないことが分かります。

ここでは、それらに学びながら、放射線健康不安ばかりを強調する捉え方の問題点をまとめていきます。

（1）不安と精神的影響の複雑性

辻内氏は福島原発災害後の六年間に同氏らの研究チームが行った福島原発災害後の被災者のストレスについての研究成果をまとめています。そのうちの五項目を以下に引きます（辻内二〇一七、一二～一三ページ）。

1）ストレスには身体・心理・社会・経済・住環境問題が複合的に関与しており、ストレスの改善には「こころのケア」だけでなく社会・経済・環境問題の解決、すなわち「社会的ケア」が必須である。

2）ストレスには近隣関係の希薄化や低いソーシャル・キャピタルが強く関与しており、

コミュニティづくりや人々の信頼意識やつながりの醸成が必要である。
3）ストレスの持続には人為災害の特徴が現れており、事故責任の明確化や十分な救済が重要である。
4）避難者というスティグマが存在しており、疎外や差別に対する対策が必要である。
5）安全・安心神話によって価値観の対立が生じており、対話による双方の価値観の容認が課題である。

ここには原発災害後の被災者の心理的・精神的な傷みをもたらす要因の複雑さがよく示されています。それを無視して「放射線健康不安」、ひいては「過剰な放射線健康不安」ばかりを強調するのは事態を捉え損ねていることが明らかでしょう。

（2）不安のポジティブな機能

辻内氏も「『過剰な不安』ではなく『正当な心配』である」と述べていますが（辻内二〇一七、一一ページ）、脳科学や進化生物学の成果を引いて、不安や情動のポジティブな機能に注目するように促しているのは伊藤浩志氏です。『復興ストレス』からこの点についてのさわりの叙述を引きます。

不確実性下では、断片的な情報からさまざまなリスク要因を判断しなければならない。何度も似たような経験をするうちに、強い情動反応は強化され、弱い情動反応は排除されていく。情動反応の強弱は、生存にとってどの程度のリスクがあるかによって決まってくる。強化、または排除の過程には、おそらくドーパミンやセロトニンといった神経伝達物質による神経細胞の発火パターンの変化が関わっている。その結果、人は情動を利用することで、瞬時に自分にとって何がハイリスクなのかを見分けることができるようになる。（中略）

「感情的になるな、理性的たれ」といった理性中心主義では、感情を激しく揺さぶる情動（バイアス）は、理性的な判断を狂わせる邪魔者として扱われる。そのため、現行の科学的なリスク評価では「過度な不安」として排除され、政府の安全安心キャンペーンの対象にされてしまう。しかし、これまで見てきたように、不確実性が高い場合、情動反応は、理性より合理的な判断を行う可能性が高い。（伊藤二〇一七、七九〜八〇ページ）

原発事故後、強制避難地域は誰も入れない時期が続きました。その中で、政府や専門家からは「直ちに健康に影響はない」という発言が繰り返されました。そうしたなかで、被災住民たちは信頼できる情報を求めながら総合的な判断をしてきました。そこにおいて、理性とともに不安などの情動はたいへん重要な役割を果たしています。それを「感情的で判断を誤っている」と決めつけてかかるのは適切ではありません。

（3）不安を語ることへの抑圧

成元哲氏らは二〇一三年一月から五月にかけて、中通りの九市町村で二〇〇八年度に生まれた子どもの親（主に母親）への質問紙調査を行いました。「福島子ども健康プロジェクト」と名付けられたもので、対象者数六一九一人のうち二六二八人（二〇一三年一〇月時点）から回答が得られました。この調査結果をまとめた『終わらない被災の時間』には、「原発事故の人間関係への影響」を論じた章があります（第一部第五章）。両親との認識のずれが「あてはまる」「どちらかといえばあてはまる」と答えた人を合わせると、「事故直後」で三五・三％、「事故半年後」で三一・一％、「事故後二年」で二四・五％にのぼります。「近所や周囲の人」とのずれでは、それぞれ三九・二％、三六・六％、二九・九％であります（成、二〇一五、九〇〜九四ページ）。

自由回答には、以下のようなものがあります。「福島の中でも放射線に対する考え方は温度差があります。放射線のことを口に出すのはタブーとされているのではないかと感じることがあります。自分の心の中を話すのをためらう時もあります。言葉にだすことで不安解消にもなると思うのでそのような場ができることをたのしみにしています」（同、九二ページ）。ところが、政府や専門家は「安全だ」「不安をもつ必要はない」とばかり言っています。成氏は自由回答に以下のようなものが多数あったといいます（同、二三八ページ）。

「県も市も、教育委員会も、すべて行事にしろ給食にしろ「安全です」で終わらせます」
「県と市は安全のアピールに躍起で、住んでる市民と子どもの声を聞かない」
「国や県が安全だとしか言わないことが一番に不安に感じる」
「県は安全、安心を合言葉のように使っているが、私は決してそうは思っていない」

成氏は「安全・安心」と「不信・不安」をめぐる自由回答からうかがえる母親の心情を次のように要約しています。

　事故後の対応は、国、東電、自治体すべてにおいて遅いし、不十分だ。とくに除染の遅れ、不十分さがそのことをはっきりと表している。そういう不満があるのに、国、東電、自治体は安全・安心を言うばかり。これではかえって不信感が増すし、安心できない。くわえて、東電は自分たちへの賠償を早々に終わらせようとしている。自分たちにとって問題は解決していないのに。（同、二三九ページ）

不安を語ることへの抑圧が、むしろストレスと不安を強めてさえいるようです。成氏はそのように論じています。

4 専門家が自由なコミュニケーションを抑圧する

被災者に責任を帰す論

原発事故後に顕著となった、専門家が被災当事者の不安を抑えようとする姿勢は、過去の公害事件とも関わりが深いものです。一九七二年四月、東京都で光化学スモッグにより多くの被害が生じ、五月二二日以降、石神井南中学が顕著な事例として注目されました。この問題に対応する過程で「心因説」が唱えられ、それによって被害者をさらに苦しめるような事態に至りました。その経緯について振り返っている熊倉伸宏の論考によって述べていきます（熊倉伸宏『神経症の臨床病理』新興医学出版社、二〇一五年）。

東京都は五月の段階で「東京スモッグ対策研究プロジェクト・チーム」を組織し、調査を開始しました。そして、五月二七日には都立豊島病院の精神科医をプロジェクト・チームの一員に加えました。その日、石神井南中学では三〇名を超える生徒が倒れました。症状群は大きく分けると二つで、①粘膜刺激症状（激しい流涙、激しい咳《せき》など）と、②全身症状（苦痛を伴う顔面紅潮、顔面筋の硬直、手足のしびれ感、疼痛を伴う全身けいれん、意識混濁）でした（五八～五九ページ）。

プロジェクト・チームは六月五日には「二七日以後の三回については、『心因的要素』がかなり強い……目やノド、ねん膜の刺激症状がほとんどなく、主として恐怖感と集団心理が作用した心因性によるもの」という公式見解を明らかにしました。しかし、その後も多数の生徒が症状を訴えるとともに、生徒や父兄から心因論に対する抗議の声が高まりました。これらの抗議はまた、心因論を打ち出すこと自体が当事者の苦しみを増大させていることをあらわにするものでもありました。これを受けて、プロジェクト・チームや学校や行政側は「心因」という語を引き下げましたが、代わって「過換気症候群」という心身症概念を用いるようになります（三五～四〇ページ）。

被害者自身に責任を押し付ける心因論

熊倉は都立豊島病院の精神科医としてこの治療と原因特定過程に関わったのですが、身体的病因と神経症や心身症に類するような心因の二元論によって処理したことは誤りだったと言います。その理由の一つは、身体的病因が関わるかもしれない領域についてよく分からないことが多いにもかかわらず、あたかもそれは問題ないかのように扱って、「心因」だけを提示することによって患者を苦しめる結果をもたらしたことにあります。もう一つの理由は、心因論を打ち出すことは、生徒を管理し、日常的な学校業務に早く戻りたい学校や行政等に都合がよく、また、生じている症状の責任を被害当事者に帰するような機能をもっていることについてまったく意識されていなかったことです。

熊倉はこれと同様に、当事者が不安に駆られるなどして、被害を誇大化させたと医療側が判定するような事態が他の公害の事例でも見られ、責任の所在を示す機能をもつことから賠償問題とも関わることが多いといいます。そして、福島原発災害においても、同様のことが起こっているのではないかと示唆しており(六二ページ)、二〇一六年六月三日に行われた第一一二回日本精神神経学会学術総会(幕張メッセ)の法委員会シンポジウム「原発放射線被害と精神科医の役割」でもこの問題が論じられました。福島原発災害において放射線健康不安ばかりを強調する捉え方は、被害を及ぼした側や被害を低減させるための施策を講ずべき行政機構や医療機関や政治家側の責任を免除、ないし軽減する機能を果たします。そしてそのことによって、被害当事者をさらに苦しめる一因ともなる可能性があるのです。

専門家が自由を奪う社会

ところが、放射線健康不安のマイナス効果を盛んに取り上げる側は、健康のための施策を十分に講じないこと、健康のための情報を十分に開示しないことがもたらすマイナス効果については問いません。それは被害当事者をものが言えないようにし、孤立させて現状を甘受せざるをえないように追い詰める効果を及ぼしている可能性があります。この稿で取り上げた、成元哲氏や辻内琢也氏の論はその可能性を裏付けるものとして読むこともできるでしょう。

放射線の健康影響をめぐる問題であらわになってきているのは、専門家が「無用な不安を除去すべきだ」と主張して、意識せずに市民を抑圧する傾向があるという事態です。人々の孤独と不安が社会を脅かしていると捉える論考は、全体主義の時代から数多く積み重ねられてきました。しかし、二一世紀に入り、「リスク社会」が強く意識されるようになって、新たに目立つようになってきたのは、専門家が適切なリスク認識を教えることで「不安」を統御すべきだと説く言説です。こう説くことによって、専門家が「市民」あるいは「大衆」の自由を抑圧するという事態が目立つようになってきました。エリートこそが自由の担い手で、大衆が足を引っ張るというのではなく、むしろエリートこそが「不安の排除」という形で、大衆と対立しつつ抑圧していくのです。すぐには見えにくい、高度管理社会の管理システムの表れと言えましょう。

大衆とは誰か?――オルテガ『大衆の反逆』

こうした高度管理社会を予見させる考察は、ホセ・オルテガ・イ・ガセット（一八八三～一九五五）の「大衆」論に見られます。オルテガはスペインの哲学者で、その『大衆の反逆』（中央公論新社、二〇〇二年、原著、一九三〇年）はいまもよく読まれており、倫理に関わる洞察に富んでいます。ところが、部分部分は読みやすいように思えるのですが、全体としては読みにくい本になっています。英語訳タイトルはThe Revolt of the Massesとなります。では、「大衆masses」とはどのような人々を指すのでしょうか。

試みにウィキペディアを見ると以下のようなまとめがありました。「大衆を批判し、貴族・エリートを擁護した。彼の定義によれば、大衆とは、『ただ欲求のみを持っており、自分には権利だけあると考え、義務を持っているなどとは考えもしない』、つまり、『みずからに義務を課す高貴さを欠いた人間である』という」。「そうか、『貴族・エリート』と『大衆』が異なる種類の人たちということだな」と分かった気になりそうです。確かにこのように読める箇所があります。

さて、社会にはきわめて多様な作用、活動、機能が存在している。それらは、本来の性質からして特別であり、したがって、同様に特別な天賦の才なしには、これらをうまく運営することはできない。たとえば、芸術的な、また贅沢な特性をもつある種の楽しみ、あるいは政府の機能、公的問題に関する政治的判断などがそれである。以前には、これらの特別な活動は、資質に恵まれた――少なくともそううぬぼれている――少数の人々によって行われたものだ。大衆は、そういうことにあえて割り込もうなどという大それた気を起こさなかった。（中略）

すべての事実は、大衆が社会の最前列に進みでて、以前には少数者だけのものであった楽しみの場所を占拠し、その用具を使い、かれらの楽しみを享受する決意をかためたことを示している。たとえば、それらの場所がもともと群集のためを思ってつくられたものでないのは明らかである。（中略）大衆が大衆であることをやめぬまま、少数派にとって代わりつつある。（一一ページ）

貴族・エリートと大衆

昔は少数者が静かに楽しんだ洗練された芸術の場に、あまり鑑賞力のない人々がどやどや入ってきて雑音を立てている。すぐれた頭脳をもつ科学者のみが理解できるはずの事柄に、よく分かってもいない借り物知識をひけらかす大衆が割り込んできて大声でがなり立てている。こんなイメージが浮かんでくるかもしれません。

ここで問うてみるべきことの一つは、オルテガは「大衆」と「貴族・エリート」とは、どこにどのように存在していると見ていたのかということでしょう。そこでまず次のような箇所を見ておきます。

はじめにお断わりしたように《大衆》ということばを、とくに労働者の意味で理解してはならない。それは社会の一階級をさすのではなく、今日の社会のあらゆる階級のなかに見られ、それゆえに、大衆の優越し支配しているわれらの時代を代表する人間の種類、あるいは存在のあり方を示している。これから、その証拠をたっぷりお目にかけるとしよう。

今日、社会的力を行使している者はだれか。この時代にみずからの精神構造を押しつけているのはだれか。いうまでもなくブルジョアジーである。では、このブルジョアジーのなかで、もっともすぐれたグループ、つまり現代の貴族と考えられているのはだれか。疑いもなく専門職、つまり技師、医者、金融家、教師などである。この専門職の集団のなかで、最高の位置を占めてもっとも純粋な形でかれらを代表する者はだれか。もちろん科学者である。（中略）

ところが、その結果、現代の科学者は大衆的人間の原型だということになる。しかも、科学者が大衆的人間であるのは、偶然の結果ではなく、またひとりひとりの科学者の欠陥によるのでもなくて、科学——つまり、文明の基盤——自体がかれらを自動的に大衆的人間に変えてしまうからである。いわば、科学者を原始人に、現代の野蛮人に変えてしまうのである。（一三四〜一三五ページ）

大衆としての専門家

どうしてこのような事態に至るのでしょうか。ここでオルテガは科学者の「専門化」に言及します。「科学そのものは専門分化主義ではない。もしそんなことになったら、それだけで真の科学ではなくなってしまうだろう」。ところが、科学者たちの仕事は専門分化せざるをえません。そのために科学者は「しだいに科学のほかの部門との接触を失い、ヨーロッパの科学、文化、文明という名に値するただ一つのものである宇宙の総合的解釈から離れてきた点が、重大なのである」(二三六ページ)。

専門化は《百科全書》派が「教養人」と呼ばれた時代に始まりました。ところが、それを引き継ぐ一九世紀になるとだいぶ専門化が進み、各科学者は総合的教養を失い始めます。これが第二段階。そして一八九〇年に第三の世代が覇権を握りますが、そこで「われわれは歴史上、例のない新しいタイプの科学者に」出会う。「この人々は、思慮のある人間になるために知っていなければならぬことのうちで、特定の科学だけしか知らず、その科学のなかでも、自分が活発に研究している一握りの問題だけをよく知っている」。そして「自分が専門的に研究している狭い領域の外にあるものを知らないということを、一つの美点であると主張するほどになり、総合的知識に対する興味をディレッタンティズムと呼ぶようになった」(二三七ページ)。

無知の自覚をもたない「知者」

けれども、こういう狭い専門家こそが確かに科学を発展させていくのです。そのために

「ひどく奇妙な人間の種族が創造される」。「むかしは、人間を、知者と無知の者、あるいはかなりの知者と、どちらかといえば無知である人に、単純に分けることができた。ところが、専門家は、この二つの範疇《はんちゅう》のどちらにも入れることができない」。「無知な知者」が多数生じるわけですが、「事は重大」です。「というのは、この人は、自分の知らないあらゆる問題にたいして、ひとりの無知な男としてではなく、自分の特殊な問題では知者である人間として、気どった行動をするであろう」からです。

文明がかれを専門家にしたてたとき、かれみずからの限界のなかで満足させ、閉鎖的にしてしまった。しかし、自分がたのもしい価値ある人間だという内的な感情それ自体が、自分の専門外のことまで支配したいという気を起こさせるであろう。（中略）

右のことは、根拠なしにいっているのではない。今日、政治、芸術、宗教、生と世界の一般問題について、《科学者》や、またそのあとに控えた医者、技師、金融家、教師などが、いかに愚かな考え方や判断や行動をしているかを、だれでも観察することができる。私が、大衆的人間の特徴として繰り返しあげた、《人のいうことを聞かない》、高い権威に従わないという性格は、まさに、部分的な資質をもったこれらの専門家たちにおいて、その頂点に達する。かれらは、今日の大衆による支配を象徴しており、また、大衆による支配の主要な担い手である。かれらの野蛮性こそ、ヨーロッパの退廃のもっと

も直接な原因である。（一四〇ページ）

この論は「大衆の反逆」の特殊な応用論なのではなく、典型的な、また核心的な事態に関わる論点の一つと見なされています。科学者という「エリート」こそが、「大衆」の代表なのです。これは福島原発事故後の専門家のあり方を問う者にとって分かりやすい捉え方です。

5 専門家の支配を超えて

努力なしに卓越を得たといううぬぼれ感

オルテガの『大衆の反逆』には、これまで挙げた専門家批判以外にも、三・一一以後の状況でよく分かる倫理的警句とでも言うべきものが多く見られます。文明が野蛮に転ずるということも典型的な事柄です。一九世紀はヨーロッパの文明を拡充しました。しかし、そこで起こった「生の力の増大」が傲りや慢心を広げていきました。そこで、「われらの時代は、すべての過去の時代よりも豊かであるという奇妙なうぬぼれ」（四六～四七ページ）が広がり、過去全体を軽んずるようになります。そして過去には求められていた卓越するための努力なしにそれが得られると感じるようになります。

「大衆の反逆」はこのようなうぬぼれや傲りを特徴とします。かつての貴族は向上のための厳しい修行の過程を意識し、したがって未熟なものに厳しく、また熟練しえていないことをつねに意識しようとし謙虚でもありました。向上することは遠くを見ていることであり、遠い彼方に理想があり、そこへの道筋が信じられていることでもあります。また、自分たちが負っている過去を大事にしており、歴史を尊んでもいます。これに対して、大衆の時代の人々は歴史を軽んじます。過去よりずっとよい段階にいると無邪気に思い込んでいるのだから当然かもしれません。

大衆的人間の心理構造

オルテガは分かりやすいたとえで、「《慢心した坊ちゃん》の時代」と述べて、「大衆的人間の心理構造」について述べています。それは世襲貴族にたとえられます。貴族の子弟もそうなりがちなのですが、自分が引き継いだものを自分自身が努力して得たものであるかのように錯覚してしまうのです。そこで、「大衆的人間は、生は容易である、ありあまるほど豊かであり、悲劇的な制限はないというふうに、心底から、生まれたときから感じており、したがって、各平均人は、自分のなかに支配と勝利の実感をいだいている」といっています。人間には何でもできるという楽観が、アメリカを先導者とする二〇世紀の文明の底流にあります。そういえば、原子力利用もまさにこうした楽観の中から起こってきました。原子力利用は《慢心した坊ちゃん》の科学技術と言ってよいかもしれません。

「大衆的人間の心理構造」として次に挙げられているのは閉鎖性です。「そのこと（支配と勝利の実感をいだいているということ）から、あるがままの自分に確信をもち、自分の道徳的・知的資質はすぐれており、完全であると考えるようになる。この自己満足から、外部の権威にたいして自己を閉鎖してしまい、耳をかさず、自分の意見に疑いをもたず、他人を考慮に入れないようになる。絶えずかれの内部にある支配感情に刺激されて、支配力を行使したがる。そこで、自分とその同類だけが世界に存在しているかのように行動することになる」（一一九ページ）。

これは「大衆」の定義にも関わることです。本書は一五章からなりますが、すでに最初の第一章でオルテガはこう述べています。

つきつめていえば、一つの心理的実体としてなら、大衆を定義するのに、なにも人々が群れをなして出現するのを待つ必要はない。目のまえにいるただひとりの人間についても、かれが大衆であるか否かを知ることができる。大衆とは、みずからを、特別な理由によって――よいとも悪いとも――評価しようとせず、自分が《みんなと同じ》だと感ずることに、いっこうに苦痛を覚えず、他人と自分が同一であると感じてかえっていい気持になる、そのような人々全部である。（八～九ページ）

他者を認め、自由を尊ぶ態度の弱さ

「よいとも悪いとも評価しない」とありますが、オルテガは「自分と仲間（たとえば専門家仲間）の良さを信じ切って」と書くべきだったかもしれません。これは異なる考えをもつ他者とともに共同生活を営むという「文明」の本質に反するものです。「手続き、規範、礼節、非直接的方法、正義、理性！　これらはなんのために発明され、なんのためにこれほどめんどうなものが創造されたのだろうか。それらは結局、《文明》というただ一語につきる……」。これらすべては「ひとりひとりが他人を考慮に入れるという、根本的、前進的な願いを前提にしているのである。文明はなによりもまず、共同生活への意志である」（八九ページ）。

これは「自由」を尊ぶということです。共産主義とファシズムが台頭する時代にオルテガはこう述べています。自由主義は「最高に寛大な制度である。なぜならば、それは多数派が少数派に認める権利だからであり、だからこそ、地球上にこだましたもっとも高貴な叫びである。それは敵と、それどころか、弱い敵と共存する決意を宣言する」。これは大いに反自然的なことです。しかし、「こんな気持のやさしさは、もう理解しがたくなりはじめていないだろうか。反対者の存在する国がしだいに減りつつあるという事実ほど、今日の横顔をはっきりと示しているものはない」（九〇〜九一ページ）。

「大衆的人間の心理構造」に戻るとしましょう。うぬぼれと閉鎖性に続いて、暴力性が加わります。「慎重も熟慮も手続きも保留もなく、いわば、《直接行動》の制度によって、すべてのことに介入し、自分の凡庸な意見を押しつけようとする」こと。正常な未開人は宗教、タブー、社会的伝統、習慣に従う「従順さ」をもちますが、大衆は「反逆する」未開人であり、オルテガは《野蛮人》と呼びます（一一九ページ）。

その《野蛮人》の特徴は当時、台頭しつつあった共産主義や無政府主義やファシズム等の政治運動やある種の芸術運動などに見ているようです。「はじめてヨーロッパに、**理由を述べて人を説得しようともしないし、自分の考えを正当化しようともしないで**、ひたすら自分の意見を押しつけるタイプの人間が現れた」といいます(八六ページ)。

「思想をもつ」ということ

そこには確かな思想はありません。「思想をもつとは、思想の根拠となる理由を所有していると信ずること」、「理解可能な真理の世界が存在すると信ずること」です。思想を生み出すこと、つまり意見をもつということは、そのような真理という権威に訴え、それに服従し、その法典と判決を受け入れることが基盤となります。そして、共存の最良の形式は、われわれの思想の根拠となる理由を議論する対話にあると信ずることなのです(八七ページ)。

規範と権威にのっとって討議するというやり方に代わって、理解し合わずに勝手に言い合っているという事態が生じています。「ヨーロッパの《新しい》事態は、《議論をやめる》ことである」(同前)。オルテガは「真理」と「自由」がどう関わっているのかについても「運命の真理」という語を用いて論じています。

自由主義の諸形態を攻撃する批判が正当であるとしても、そのかなたに自由主義の不

変の真理があることは、だれでも《知っている》。その真理とは、理論的・科学的・知的真理ではなく、根本的に別な、これらすべてよりも決定的な真理――いわば運命の真理である。理論的真理はたんに議論の対象となるばかりでなく、その真理と意義と力は、それが議論されるという点に存する。（中略）しかし、運命――生としてそうあらねばならないか、そうあってはならないか、というもの――は議論されることはなく、われわれはそれを受けいれるか否かしかない。もし受けいれれば、われわれは本物であり、受けいれなければ、われわれはわれわれ自身を否定し、偽造することになる。運命はわれわれがしたいことのなかにはなく、むしろ、したくないことをしなければならぬというわれわれの自覚のなかに、その厳格な横顔をくっきりと現わすのである。（一二六〜一二七ページ）

公論は良き自由のあり方の次元を含む

ここでオルテガが「運命」「運命の真理」と呼んでいるものが何であるのか、理解するのは容易ではありません。関連した語に、「高貴さ」、「理想」、「道徳」、「義務」などがあります。それらは精神の「貴族」によって尊ばれるものであり、社会の骨格を形作るはずのものとされます。

こうしたオルテガの考え方は、自由に伴う不安を鎮めるべき何かを指し示すことが容易でないことを示唆しています。それは第4章で取り上げた夏目漱石の『私の個人主義』にもうかがわれましたし、第5章で取り上げたキルケゴールの指し示すものについても言えるでしょう。「精神の貴族」は「根源的な不安」を見据えていなくてはなりませんが、それは容易ではないのです。哲学者や思想家、文学者といった人々が取り組むべき事柄のように思えます。

他方、この章で取り上げた放射能の健康影響に対する不安は、もっと身近で具体的な事柄をめぐる不安でもあります。成元哲氏が質問を投げかけたのは被災地のふつうの母親たちです。専門家が提供しようとしているのも、放射線のリスクに関する適切な情報とされるものです。同じく「不安」といってもレベルが異なるのではないでしょうか。

6 テクノクラティック・パラダイムと自由

哲学者・文学者の「不安」と凡人の「不安」

確かに実存主義的な哲学者・思想家や文学者の不安と子どもの健康を案ずる被災地の親の不安とを同一視することはできません。キルケゴールや夏目漱石やハイデガーの実存をめぐる境地と、二一世紀の凡人の健康をめぐる悩みとは直ちに結びつけることができないものです。しかし、漱石は「神経衰弱」を社会現象を反映したものとして問うたし、ハイデガーは「ひと」が増大する社会現象を問うていました。ハクスリーやフロムは「神経衰弱」や「ひと」を、不安と自由をめぐる現代社会の文明史的課題として問うたのでした。

「私の個人主義」の漱石は、ふつうの若者たちに語りかけていたし、フロムは「自由からの逃走」を克服すべく一般人の心理的成熟を示そうとしていました。伝統的な権威と確かな規範が崩れ、自己陶冶と価値判断の指標が見失われがちな現代社会で、ふつうの人はいかにして、個人としての自由を保持していけるのでしょうか。この問いと不安をめぐる問いは密接に関わっています。

多元化と平準化が同時に進み、群れに同化したり群れからの孤立を嘆いたりしやすい現代社会で、自由であることは不安に耐えるという次元をもっています。自己自身と他者との相違を前提に、それぞれの経験に即した立場を認め合いつつ、自己自身であろうとするためには自ら不安と向き合い、不安に耐えて個人としての立ち位置を定め、「安全・安心」などというスローガンに流されないような姿勢を培う必要があるのです。市民性（シティズンシップ）の教育とか自律的人間としての発達の課題とはそのようなものでしょう。

自由が奪われる新たな形態

こうした現代社会に立ち現れてきている新たな問題の一つが、テクノロジーによる管理や操作が人間の自由に及ぼす影響です。ハクスリーの『すばらしい新世界』もオーウェルの『一九八四年』も、その背後にテクノロジーの発達が自由を脅かすという直観がありました。他方、どちらの作品も「フォードさま」や「ビッグ・ブラザー」のような見えない独裁者の支配を描いていました。二一世紀の世界では、独裁者の支配は北朝鮮にあり、ロシアや中国にその可能性がうかがわれますが、それほど目立った現象ではありません。しかし、テクノロジーの脅威はますます無視しえないものになっています。

ＡＩ（人工知能）が人間の知性を追い越してしまうのではないか、生命科学による人体改造が進むのではないか、科学技術の影響で地球環境が取り返しのつかない変容を被ってしまうのではないか。また、これらの影響は人間の自由の基盤を掘り崩してしまうのではないか。こうした不安を警告として受け止め、共通善に基づくテクノロジーの方向づけを目指す必要があります。教皇フランシスコの名前で二〇一五年に刊行された『回勅ラウダート・シ――ともに暮らす家を大切に』（瀬本正之・吉川まみ訳、カトリック中央協議会）は、環境倫理についてのローマ・カトリック教会の省察がまとめられたもので、共通善に基づくテクノロジーの方向づけを目指した重要な著作です。

表題はアッシジの聖フランシスコ（一一八二〜一二二六）の「太陽の賛歌」の中の言葉「ラウダート・シ、ミ・シニョーレ」（「わたしの主よ、あなたは称えられますように」）から引かれています。「主」を「称える」とあるように、キリスト教の信仰が基盤にある書物であることは言うまでもありません。しかし、本書の多くの議論は、キリスト教の信仰をもたない者にも受け入れられるものです。そのような広がりをもった社会倫理論の構築が目指されているのです。

テクノクラティック・パラダイムの支配

そこでは、地球環境の悪化の要因が問われ、いかに克服していくべきかが論じられていますが、その基調をなすのは、「テクノクラティック・パラダイム」の支配に対する批判です。

問題の根本は、もっと深いところ、すなわち、テクノロジーとその発展のあり方を思い描く際に人類が踏襲してきた、未分化で一次元的なパラダイムにあります。こうしたパラダイムでは、論理的かつ合理的な手順を駆使して外部の客体に迫り、それを統制下に置く主体が高く評価されます。このような主体は、それ自体がすでに所有と征服と変形の技術であることが明らかな実践を伴う科学的方法論を確立することには、いかなる努力をも惜しみません。まるで主体は、いかようにも調整可能な形のない現実に向き合うものとして、自らを見いだすかのようです。（九六〜九七ページ）

今日の世界の多くの問題は、時に無自覚に、テクノサイエンスの方法論とその目的を、個人の生活や社会の活動を形成する認識論的パラダイムとする傾向に由来しているといえます。こうしたモデルを人間と社会の現実全体に押しつけた結果が環境悪化において見られますが、それは人間生活や社会生活のあらゆる側面に影響を及ぼす還元主義の一つのしるしであるにすぎません。テクノロジーによる製品は、最後は、特定の権力集団の利害によって決められた方向性に沿って、ライフスタイルを条件づけたり、社会的な可能性を形成したりする特定の枠組みを作り出すがゆえに、中立的ではないということを受け入れなければなりません。手段にすぎないと思えるような決定が、実際は、どのような社会をわたしたちは築こうとしているのかに関する決定なのです。（九八ページ）

テクノクラティック・パラダイムの支配がかくも強力なのは、それがグローバル化が進む資本主義と支え合う関係にあるからです。「経済は、人間に及ぼしうる負の影響を顧慮することなく、利得を期待して、テクノロジーにおけるあらゆる前進を受け入れます」（九九ページ）。経済と科学技術が社会の駆動力になっており、倫理や政治はその後を追っかけますが追いつかないのです。そしてその差はどんどん開きつつあります。

専門家によるリスク評価と市民の自由

原子力開発はテクノクラティック・パラダイムの前進という点で大きな足跡を残しました。それは「安全の確保」と「リスク評価」を重要な課題としてきました。核実験や原発の安全に対する不安が原子力開発の大きな障害となるため、不安を抑えることが大きな課題となりました。「リスク評価」によって不安を抑えることが、専門家の大きな課題となり、開発推進側は専門家のそのような役割を活用するようになりました。

この章で述べてきた福島第一原発事故後の不安をめぐる葛藤の状況は、以上のような展望の下に捉え直すことができます。そこでは、専門家が加担するテクノクラティック・パラダイムと市民的自由の間の葛藤が露わになっています。そして、オルテガが見抜いたように、専門家はハイデガーのいう「ひと」を動員する役割を担うに至っているのです。「科学者」が測定したリスク評価によって、人々の不安を排除し、「円滑な（安定した）」社会システムの作用を守ります。そのような役割が放射線健康影響の専門家に、また彼らを擁護する「科学者」によって演じられました。これはハクスリーの描いた「すばらしい新世界」の光景によく似ています。

抱いても不自然ではない不安が排除されてはならないのは当然のことです。それは、不安の要因となっているものにどう対処するか、当事者も加わって討議し公論を形成しながら決めていくべきです。専門知によっては答えられぬものの領域、それは人類が尊び、更新し、承認されてきた規範と権威を参照しながら、開かれた討議にのっとって合意を求めるべきものの領域です。その領域、つまりは公共空間が確保されなくてはなりません。その次元を含みこむことなくして、公論が熟していくことはないからです。公論が熟していくときには、自由と孤独の良きあり方も問われています。そうした問いを問い続けることは、テクノクラティック・パラダイムによる人間的自由の抑圧に抗し続けることでもあるのです。

第6章では、既発表の以下の論文を用いている。
島薗進「被災者の被るストレスと「放射線健康不安」」『環境と公害』（岩波書店）第四七巻一号、二〇一七年

第7章

「不安をめぐる対話」

島薗進×伊藤浩志

現代の不安の正体とは？

島薗：伊藤先生の『復興ストレス――失われゆく被災の言葉』（彩流社）は、福島原発事故の被害を考える上で、重要な著作だと考えています。「不安」を題材にするのであれば、ぜひ伊藤先生と本をつくりたいと考えていました。

この対談では、お互いが書いたテキストをふまえつつ、伊藤先生の脳科学的な視点と私の人文学的な視点の両方から「不安」について深く考えていければと考えています。

伊藤：よろしくお願いします。

島薗：私はこの本の中で、夏目漱石の不安について取り上げました。彼自身が不安におびやかされており、小説『こころ』においても「漠然とした不安」をテーマにしています。少し前の時代に、藤村操《みさお》という青年が「煩悶《はんもん》」という言葉を遺書に残し自殺したのですが、漱石は「煩悶」を共感的に捉えていたことがわかっています。煩悶は、不安と言い換えてもいいかもしれません。宗教や伝統が近代化によって次々と失われていくような社会で、自由を手にしていた知的エリート層ほどそれを不安に思ったのです。

しかしいまや不安はエリートだけの特権ではありません。すべての人が同じように不安を抱える状況になっています。Ｅ・フロム『自由からの逃走』でも指摘されているように、上の世代と同じように生きていく時代は終わり、一般の人でもすべてを自分で選ぶ時代になりました。二〇世紀の最後の四半世紀ころからその速度が加速しています。

ジグムント・バウマンはその様子を「液状不安（Liquid Fear）」と呼んでいます（『液状不安』澤井敦訳、青弓社、二〇一二年、原著、二〇〇六年）。直訳すると〝Liquid〟は液体で〝Fear〟は「恐れ」。バウマンはいまの「不安」を現代的な現象として捉え、形のはっきりとしていない、どろどろとした不安が現代社会のそこかしこにあるといいます。

たとえば、原発事故や隣国のミサイルの発射、突然の経済の破綻によって、安定した生活が断たれてしまう可能性がある。そのような液状不安とともにある「リスク社会」で、どのように不安をなだめていくのかが現代社会の課題だと考えられています。その一つの対策として、リスクを専門家に任せてしまおうとする流れがあります。

ここまでが私の「不安」を取り巻く状況の理解です。脳科学の分野で「不安」はどのように捉えられているのでしょうか。

伊藤：脳科学において「不安」とは意識や自我の問題ではなく、生命が漠然とした危険にさらされたときに全身で起きる情動反応のことです。脳の扁桃体が活性化すると、人は不安を感じます。扁桃体は危険を発見し、回避するための警報装置としての機能を果たしています。扁桃体はヘビにもトリにもあり、機能は変わりません。扁桃体の機能が退化せず人間にまで保存されているということは、危険を察知する不安という情動が、生存にとってきわめて重要な役割を果たしていることを意味します。

扁桃体が活性化すると、眠気が醒め、心臓が高鳴ったり、身構えたり、免疫系が活性化したり、ストレスホルモンが分泌されたり、といった反応が一瞬のうちに全身で起きます。危険を察知したときに起きる生体のこの状態が、「不安」なのです。目の網膜が視覚情報を受け取ってから、扁桃体は一五〇ミリ秒以内に反応します。視覚野に届くまでの時間は二〇〇ミリ秒～三〇〇ミリ秒なので、意識する前にほぼ無意識に反応してしまう、この警報の正体が「不安」です。

ですから、脳の構造上、理性的な判断は後付けにならざるを得ないのです。

島薗：理屈は後付けになるということですね。でも「不安」が人間の文化によって構成されている面もあると思うのですが、どのように考えますか？

伊藤：人間は社会的な動物です。人類が進化して現代人の特徴を獲得したとされる一〇〇万～二〇〇万年間続いた狩猟採集社会の集団規模は、約一五〇人だと考えられています。一五〇人以内の場合は「身内」になり、扁桃体と前頭前皮質の腹内側部を中心にしたほぼ無意識のうちに起きる情動反応に導かれて、自然発生的にできたルールに従って集団内の秩序を保つことができます。

しかしそれ以上の人数になると無意識のうちに起きる情動反応だけでは対処できなくなり、一つの規範が必要になる。それが「文化」だと考えられます。

島薗：人間は身内の中で安心を感じられるということですね。宗教のコミュニティはそのような方向で機能していると考えられますし、ナショナリズムも内と外の区別をして、内側の「安心」の方に流れ、排外的になる傾向があります。

安全と安心は分けられるのか

島薗：この「安心」という言葉についても再度考える必要があるでしょう。日本ではよく原発の「安全・安心」とセットになって使われていますが、海外では「安心」という言葉は使われません。

加藤尚武の『災害論――安全性工学への疑問』（世界思想社現代哲学叢書、二〇一一年）では、「安全・安心」が、「日本の技術行政の専門家が国民向けに作った概念」であると指摘されています。現在、安全は計測できる科学の問題で、安心は計測できない心の問題であると考えられていますよね。

伊藤：なぜ安全と安心を分けてしまうのか。遺伝子組み換え食品が日本に輸入された時期も、「安全性と安心感の間には細くて深い溝がある」と言われていました。

安全と安心を分ける思想のもとをたどれば、デカルトの心身二元論にたどり着くと思います。安全性は理性的に判断し、安心感は心の問題というように、です。しかし心身二元論は成立しないことが、最近の脳科学で分かってきました。

島薗：伊藤先生は第1章で感情を失ったフィニアス・ゲージの例を挙げていますよね。

伊藤：フィニアス・ゲージは事故で前頭前皮質の腹内側部を損傷しました。それをきっかけに人格が劇的に変わりました。興味深いのは、理性的な能力は正常なのに、情動がなくなってしまうと、合理的な意思決定ができずに社会生活が営めなくなってしまうことです。

いままでは感情的になると理性が働かなくなると考えられてきました。福島原発事故後にも、専門家は「客観的に」「理性的に」と繰り返しましたよね。でも本来は感情の土台となっている情動がなくなってしまうと理性が働かない。正確に言うと、理性は正常でも、機能しなくなってしまうのです。

いま問題だと感じているのは、「少量の放射線被ばくは身体に影響ない」と言う復興推進派の人と、「低線量被ばくでも害がある」と主張する健康影響重視派の人たちが、両者とも物質と精神の区別を前提にして、物質的な面からのみ健康リスクを証明しようとしている点です。物質と精神に分けてしまうと、放射線量という物質に還元できない生活上のさまざまな健康リスクが、すべて本人の心の問題として排除されてしまいます。その結果、被災者が言葉を失ってしまっていると感じています。昨年三月に出版した拙著『復興ストレス』の副題を「失われゆく被災の言葉」としたのは、復興推進派と健康被害重視派の人たち双方に、このことを考えてほしかったからです。

安全を物質としての「量」に還元することには、限界があります。たとえば、福島の原発事故以降、事故由来の放射線と自然放射線を比較するような議論がありました。「広島や岐阜の方が福島より高いよ」と説明されたりします。

人体への物理的影響としては確かにその通りなのですが、自然放射線と事故由来の放射線では、社会的要因が異なります。社会的な要因でも、人は病気になることが社会疫学の調査でわかっています。

どういうことかというと、原発事故由来の放射線は一方的に被ばくさせられたものです。一方的な受け身の状態で被ばくさせられたときの身体へのダメージと、自分や家族、先祖が、時に優しく、時に厳しい、変幻自在な自然との共生を納得した上で、その土地に住み続けて自然放射線にさらされたときの身体のダメージは違うはずです。たとえば、海外の調査で、長年、受け身の状態に置かれて生活していると、心臓病のリスクが高くなることが報告されています。自己決定権がないこと自体、重大な健康被害の原因になることがわかってきているのです。

また、東京電力の原子力発電所は、電力供給エリアの外の福島にある。川端康成は「国境の長いトンネルを抜けると雪国であった」と言いました。新潟県民はただの県境だと思っていたのに、東京の人にとってそこは国境であり、原発は国境の向こうにつくるものだったのです。豊かさは中央が享受し、ハイリスクは地方に押し付ける。ここには明らかな地域格差があります。さらに原発で働く作業員は、大卒よりも高卒の人の方が被ばくしていることがわかっています。社会経済的弱者の方が被ばくしやすい状況におかれている。

一方、はっきりとした根拠がないにもかかわらず、「放射線被ばくで鼻血が出た」、「小児甲状腺がんが増えた」などと放射線の健康被害を断定調に語る人たちの言葉は、「これ以上、ふるさとを汚《けが》されたくない」と思っている被災者の気持ちを傷つけてきた。これも健康被害の原因になるのに、放射線の物理的影響に気を取られている人たちは、そのことに気づかない。

ですから、放射線の人体への影響を物理的な自然現象としてだけ捉えようとする見方には、疑問を感じます。「人は社会的動物である」という視点が欠落しています。社会的要因でも、人は病気になるのです。

島薗：同じ数値であっても社会的文脈によって違ってきますよね。空間的、歴史的な文脈を読まないと、乱暴な議論になってしまう。加藤尚武は先ほどの本で、「安全」は国家が介入できる領域と考えられているが、それを「安心」まで拡張することで、本来ならば丁寧な議論をしなければいけない過程を排除していると指摘しています。

専門家が陥りがちな罠

島薗：現在はまるで不安をもつのが悪いことのように捉えられていますが、原発事故などが起きて、不安をもつのは当たり前ですよね。

伊藤：科学者は、「一般の人は科学の知識が乏しいから必要以上に恐れている」と考えがちです。これは原発事故に限りません。昔からそうです。

でも本当にそうなのか？ 専門家が見ているのは非常に狭い自分の専門分野の範囲です。当事者の人たちは、自分の経験と照らし合わせながら、まったく別の観点からリスクを考えている可能性がある。ですから、感情的だからと、素人の意見を切り捨てることはできないと思います。

また先ほど触れたように、判断において情動は重要な役割を果たします。病気や事故、脳腫瘍の手術などで脳にダメージを受け、情動反応がなくなってしまった人は、情報の重み付けができません。たとえば、店の予約をするときに「どのレストランがいいか下見をしてください」と言われると、一軒一軒回って事細かに調べないと気が済まず、非常に時間がかかってしまいます。日常生活では、断片的で不確実な情報を頼りに、限られた時間の中で、次から次へと用事をこなしていかなければなりません。無数の情報の中から、自分にとってどれが大切な情報なのか、直観的に判断する必要があります。ところが、情動反応がなくなってしまった人は、絶対に必要な事柄と些細な事柄の区別ができないので、結局は時間内に目的を達成できなくなってしまうのです。

このように、実生活では多少の間違いには目をつぶって、直観的に判断していった方が結局は有効な場合が多いでしょう。科学的な判断は、十分なデータがそろった理想的な条件下では強力な武器になります。しかし、実社会での絶えずつきまとう不確実性を見逃していま す。理想的な条件下での理性的な判断と比較して、不安という情動反応の非合理性を批判しても意味はありません。

島薗：いまの話は専門家の姿に重なる部分がありますね。ある範囲だけで限定して判断するならば、「合理的」と考えられる結果が得られるかもしれない。しかしその狭い範囲内で出てきた結論こそが、他の領域にも適応可能だという幻想をもち、適応外のことにも押し付けてしまう。

さらに専門家が本当に客観的に判断しているのかも疑問です。よくある大衆批判として、「大衆は理性を働かせることができず、雰囲気に流されてしまう。専門家こそが確かな知識を提供する」とする考え方があります。

しかし専門家だって社会全体の勢いや力関係になびいてしまう傾向がある。オルテガは『大衆の反逆』で「科学者が大衆的人間であるのは、偶然の結果ではなく、またひとりひとりの科学者の欠陥によるのでもなくて、科学——つまり、文明の基盤——自体がかれらを自動的に大衆的人間に変えてしまうからである」と言います。つまり、専門家こそが大衆の代表なのです。しかも、専門家はそれを生活の糧にしている面があり、より利害関係と結びつきやすい構造があります。

伊藤：脳の構造上、専門家も無意識に起きる扁桃体の反応から逃れることはできません。一般的な言葉に置き換えると、専門家も真空の中で暮らしているわけではないので、これまでの人生経験の中で身体に染み付いた価値観が、知らず知らずのうちに、科学的な判断に影響を及ぼしている可能性が高いということです。どうしても、自分の立場や主張に都合のいいようにデータを解釈しがちです。原発事故後の放射線の健康影響について、「原発事故の影響は考えにくい」「いや、甲状腺がんが増えている」などと両極端な意見が出ていますが、どちらの意見も、価値観が反映している可能性は捨てきれません。問題は科学的な判断に価値観が反映してしまうことにあるのではなく、素人も含めて科学を語る人たちが、自らの科学的な判断に価値観が反映していることを認めようとしないことにあります。

科学も、一つの「文化」だと考えたほうがいいでしょう。専門家と素人がそれぞれの「文化」を尊重して、どうしたら対等な立場で対話できるのか考えていく必要があります。

ここでいう「対等」とは、素人が科学者と対等に科学的な議論をすることではありません。素人といっても、その人にしか言えない視点、その人だからこそ言える視点があるはずです。気候や風土など、その土地に暮らしている人しか知らないこと。子をもつ親だからこそ、普段の買い物や隣近所との付き合いから見えてくる視点があるはずです。そういった意味で、素人も、それぞれの職業、立場の専門家といえます。科学者と素人、どちらにも優劣はなく、異質な文化と文化の違いを認めあうことが大事なのです。

福島では現在、地域の分断をいかに解消するかが大きな課題となっていますが、「この程度の放射線量では健康影響はない」とする復興推進派と、「そんなことはない。どんなに低線量でも健康影響が出る可能性がある」とする健康被害重視派のそれぞれが、科学を自分たちの主張を権威付けする道具として使っているように感じられます。

科学の問題なのか、価値観の問題なのかを、意識して区別していく必要があります。仮に一万人に一人が死亡してしまうことがわかったとする。「その程度なら、景気を良くしたほうがいい」とする考え方もできます。景気が悪くなると、住民の健康状態が悪化することが分かっています。ですから、経済活動を優先するからといって、必ずしも人命を軽視しているとはいえません。景気回復によって、その地域住民全体の平均的な健康状態が改善する可能性が高いからです。最大多数の最大幸福を目指すなら、経済活動を優先することが社会全体の健康増進につながる、という考え方が成り立ちます。一方、そこからもれてしまう社会的弱者の健康リスクを減らすことを優先課題とするならば、死亡する確率が一〇〇万人に一人に低下するまで既存の経済活動を規制して、医療・福祉の充実を優先すべきだという主張も成り立ちます。このように、安全と考えるか危険と考えるかのラインをどこで線引きするかは、その人の価値観、その人が何を重視するかに左右されます。

科学の問題と価値の問題を混同し、自分の価値観を科学の言葉で正当化しようとして、自分と異なる価値観を踏みにじってしまう。そのことが、福島で起きている分断の大きな原因の一つになっていると私は考えています。

分断そのものが大きな健康リスクになることが、社会疫学の調査で分かっています。人々がお互いに不信感を抱いている社会では、心臓病やがんなどの死亡率が高くなることが確認されているのです。ですから、いまの福島は、放射線そのものの健康リスクを下げるよりも、分断による健康リスクを下げることがより重要な課題となってきているとも言えます。放射線の健康リスクに対する感じ方の違いをお互い認め合って、対立を乗り越える方策を見つける必要があるでしょう。

不安を自己責任にしない社会へ

島薗：冒頭で指摘しているように、不安をもつことは自由と結びついています。そのことは裏返すと、不安をもつのはその人の「自己責任」だという弱者攻撃や格差の正当化が幅をきかす社会ということでもあります。

伊藤：不安を感じることは、必ずしも悪いことではありません。

たとえば胎児期に母親が不安を強く感じていた場合、生まれてきた子どもも不安を感じやすくなることが知られています。これは、生まれてからの厳しい環境に適応できるように、母親が妊娠中に、赤ちゃんの体質をプログラミングしたとも考えられます。不安を感じやすいということは、危険を察知しやすいということですから、厳しい環境下では、のほほんとしている人より生き残りやすくなるはずです。

また、子どものころに虐待を受けた人は、大人になっても不安を感じやすくなります。それはマイナスなことだと受け取られるかもしれません。ですが児童虐待を受けた人は、不安を感じるセンサーを敏感にすることで、大人になるまで生き延びることができた、とも考えられます。

不安を感じることは生存のために必要な機能です。ですから、不安を感じている本人の問題としてとらえて、その人を責めたりするのではなく、そのような状況にその人を追い込んでしまった社会に目を向ける必要があります。

島薗：いま私はグリーフケアの教育に関わっているのですが、悲しみと不安はどこか繫がっていると思います。親しい他者の死に直面すると、なかなか立ち直れないものです。早く喪失の痛みを忘れたい。でも悲しみは消えないし、悲しみから自由になれない。悲しみとともに生きていかなければいけない。「レジリエンス（回復力）」という言葉がありますが、落ち込むこと自体が問題なのではなく、時間を経過しても立ち直れないことが病気だとする考え方に繫がる可能性があります。悲しみはなくならないが、その人らしい生き方として展開していくことはできる。

この考え方は不安についても言えるでしょう。安心な社会が、不安の少ない社会だと考えると大きな見落としがある気がします。むしろ不安を認め、不安と付き合い、そうだからこそ希望ももて、生きやすくもあるような社会が必要なのではないか。

伊藤：福島原発事故では、社会学者の調査で、居住地の放射線量とそこに住んでいる人の不安感の程度には関連がないことがわかっています。線量が低くても、強い不安を感じている人がいます。逆に、線量が高くても、あまり不安を感じていない人もいます。

不安感の程度と直接関連があったのは、心理社会的要因と社会経済的要因でした。つまり、放射線に対する自分の不安を周囲の人に理解してもらえない人や、放射線についての情報に不信感を強くもっている人は、不安を感じやすいことが分かりました。これらが、不安感に影響を与える心理社会的要因です。社会経済的要因は、学歴、年収、学齢期の子どもがいるかいないか、などです。世帯収入が低い家庭は、収入が高い家庭に比べて健康不安を強く感じていたのです。

島薗：本書の伊藤先生の議論では、不安が社会と深く関わっており、格差がその要因をさらに強めてしまうことが指摘されていましたね。

伊藤：物質的に豊かになってきたことにより、飢えと闘う「絶対的な貧困」から、他人と比べる「相対的な貧困」へと、人類の課題は変化してきています。日本の場合だと、子どもが修学旅行に行けるか、入学式や七五三にきれいな服を着ることができるか。人並みに暮らせないことがストレスになり、病気の原因に繋がっていきます。

興味深いのは、アメリカでの調査です。あらゆる階層で平等な州ほど死亡率が低く、不平等な州ほど死亡率が高いことがわかったのです。また、女性の社会的な地位が高い州ほど、男性の死亡率が低いことがわかりました。似たような報告は、ほかにもたくさんあります。格差は、負け組に影響を及ぼすだけではなく、「勝ち組」と言われる人の健康もむしばんでいくのです。「本人の努力が足りないからだ」「自己責任だ」などといって相対的貧困を放置していくと、勝ち組も含めて全員の健康リスクを増やすことになります。

島薗：貧富の差は、江戸時代、明治時代もかなりあったはずです。戦後は多くの人々がある程度、富を分かち合える方向になってきましたが、八〇年代以降新自由主義の波が押し寄せ、競争原理を強調し、格差を広げる方向に舵を取りました。その先にいまがあります。

かつては格差があっても貧しいなりに仲間が周りにいて連帯感があった。貧しいなりに人間同士の絆があった。もちろんその中には暴力的なものもあったと思います。ですが人間が孤立せずに安心して生きられるような社会関係がいまは失われつつある。

同様の事態がアメリカでも起こっています。ロバート・パットナムは『孤独なボウリング――米国コミュニティの崩壊と再生』（柏書房、二〇〇六年、原著、二〇〇〇年）という本で、二〇世紀の最後の三分の一の時代にそういったコミュニティが弱くなってしまったと論じました。折しもルイジアナのハリケーン・カトリーナの災害（二〇〇五年）によって、いかに都市住民が孤立しているのか改めてわかった。格差社会であると同時に、社会関係が枯渇している。そこで感じる不安が「液状不安」なのでしょう。孤立すればするほど、人との違いが気になっていくのです。

エリートゆえに孤立したのが、夏目漱石の時代でしたが、今や一〇代の若者がまるっきり裸にされて、「液状不安」にさらされているのでしょう。専門家はそれをリスク管理によって克服できるように考えました。最悪の場合、これはジョージ・オーウェルの『一九八四年』のような管理社会になっていきます。『一九八四年』が描いたディストピアは不安に対抗しようとした結果と見ることができます。現代人にとっての、一つの悪夢でしょう。

理解せず、共存し合えるか?

島薗：このように不安を自己責任にしてしまうと、不安をもつ人は排除されてしまい、抑圧や孤立に繋がっていきます。専門家も一般の方も、それぞれの状況の受け止め方の違いを認めながら問題解決に近づく方法を模索するのがこれからの課題でしょうね。公共哲学的な議論が必要でしょう。脳科学の分野からはどう考えることになりましょうか?

伊藤：保守的な人とリベラルな人では、脳の活性化しやすい部位が異なっていることがわかってきています。

人類学者の分類によると、神聖さを重んじて、権威を尊重し、忠誠心を発揮し、社会全体の秩序を大切にする人が保守的なタイプといえるでしょう。一方、自分で身を守る術をもたない子どものケアと公平性を重視するのが、リベラルなタイプです。

人間の思考パターンは大きく分けるとこの二つに分けられるようですが、それぞれの思考パターンで、脳のどの部分が活性化するか調べたところ、どうやら、保守的なタイプは脳の前頭前皮質背外側部が活性化しやすく、リベラルな人ほど前頭前皮質腹内側部が活性化しやすいようです。つまり、活性化している部分が違うため、いつまでたっても議論がかみ合わないのではないかと考えられます。さらに人間の脳は「内集団バイアス」がかかってしまうので、考えの違う他人の意見を聞かない頑固なところがあります。

そのままにしておくと我慢比べが始まって、結局は、多数派、力の強い側が勝つことになってしまいます。絶対的な貧困を克服することが課題だった時代なら「寄らば大樹の陰」で、それでよかったのかもしれません。しかし、相対的な貧困の克服が主要な課題となった現代社会では、格差を解消しない限り、勝ち組も負け組も浮かばれません。保守かリベラルかといった単純な二項対立では、問題を解決することはできないでしょう。

どうやってもお互いに理解し合うことができない「頑固さ」を、それぞれが持ち合わせているように思います。お互いの「頑固さ」を受け入れて、お互いを理解し合うのでは**ない**仕方での共存のあり方が求められている。私は、これが今後の社会の課題になると思っています。

ひとつのアイディアがあります。人間関係の「セミラティス化」という方法です。建築家のクリストファー・アレグザンダーは、「都市はツリーではない」という論文を書いています。首都圏の郊外のように、ここは商業地区、ここは住宅地区、こちらは工業地帯というように、都市機能がきれいに区分けされて計画的に設計された都市を、彼はツリー状の都市と名付けました。このような都市はどこか寂しい。というのも、自然発生的にできた街では、たとえば空き地があったら、駐車場にも、子どもの遊び場にも、盆踊りの会場にもするなど、いろいろな使い方がされているはずです。このように、都市機能が重なり合っている形式を彼は「セミラティス」と呼びました。

人間関係も、質の異なる複数のグループに所属していると、争いごとが少なくなり、社会が分断しにくくなるのではないでしょうか。仕事の集団だけではなく、子どものPTA活動、趣味や地域の活動……そうやって複数のグループに所属すると、様々な階層の人と付き合うことになります。「同じ釜の飯を食う」とよく言いますけれど、人と一緒にいると、脳がシンクロします。あくびがうつるのと似たようなものでしょう。相手が親しい人ほど、脳がシンクロしやすいことが確認されています。女性の方が、男性にシンクロしやすいようです。ですから、なんでもいいから男女の分け隔てなく共同作業を繰り返す。そうすると、自然に多様な価値観が受け入れられるようになってくるのではないでしょうか。たとえば、仕事が絡む争いごとがあったとき、同じPTA活動、趣味や地域の活動をしている仲間と争うことになるので、争いが穏やかな形で済むようになるに違いありません。

多様なコミュニティに重層的に所属することで、常日ごろから、一つの問題をいろいろな角度から考えていく習慣が自然と身に付いてくるはずです。なんでも共同作業が必要だった昔の田舎暮らしは、実はそんな社会だったのではないでしょうか。イギリスの政治学者、メアリー・カルドーの唱えた紛争解決手段、ボトムアップ型のコスモポリタン・アプローチに通じるものがあるような気がします。「共感」と「共存」がキーワードになると思います。

島薗：心から安らげる信頼感がなければ、人はより頑なに、攻撃的になってしまう可能性が高まるでしょう。

そろそろお時間が来てしまったようです……話し足りない点もありましたが、それぞれの立場を認めながらどのように問題解決に近づいていくのか？　という論点を共有できたと思います。本日はありがとうございました。

伊藤：ありがとうございました。

構成：山本ぽてと

おわりに

感情的になると理性が働かなくなる。

よく耳にする言葉です。この考えに疑問を持つ人は少ないでしょう。そして、多くの人は不安を感じることは「よくない」と、反射的に思ってしまうのではないでしょうか。

理性と感情を対立させ、理性を優位に置くこの二分法は、さかのぼれば近代哲学の祖であるデカルトに行き着きます。デカルトは哲学者として近代思想の土台を築く一方、数学者でもあった彼は機械論的自然観を提唱し、近代科学の土台も築いたスーパースターです。

しかし、この理性と感情の二分法を大前提とした「理性中心主義」は、現代の脳神経科学で否定されています。本書の第1章で紹介したように、事故や病気で脳がダメージを受け不安を感じることができなくなってしまった人は、理性的な能力は正常でも、合理的な判断ができなくなってしまいます。自分が得になることをしたいと思いつつ、不利になることをし続けるのです。なぜそうなってしまうかの答えは、本文に書いてありましたね。

感情がなくなると理性は働かなくなる――一大発見をした脳神経科学者、ダマシオは、『デカルトの誤り』という本を書きました。そして、多くの学術分野が、脳神経科学のこの成果に素早く反応しました。心理学、社会学、倫理学、哲学などです。

神経経済学という分野もできました。いままでの経済学は、人間は合理的な行動を取るはずだ、つまり、自分が損をするようなことはするはずがない、という仮定を大前提にしていたので、ダマシオの発見はさぞかし衝撃的だったことでしょう。現実には、人は、やけ食いをし、やけ酒を飲むかと思えば、衝動買いをしたりと、あとから自己嫌悪に陥るようなことを毎日のようにします。このような非合理性も立派な経済活動の一部なのですから、ダマシオの発見は人間の行動原理を解明するうえで、大きなヒントになります。経済学が飛びつくのももっともなことです。

つまり、「不安」をめぐる思考は、文系、理系の垣根を越えて、近代の枠組みを揺るがす大きなテーマなのです。もちろん、日常生活にも深く関わってきます。食品や薬の副作用などの健康問題も、理性（安全）と感情（安心）の二分法を前提にしています。安全・安心とよく言いますね。安全は客観的に理性的に追求するものと考えられ、主観的であやふやな感情として扱われる不安は、個人の心の問題にされてしまいがちです。こうした見方が科学的におかしいことも、第1章で指摘しました。

本書は、文系と理系の立場から不安について考察することで、いまの社会システムの大前提となっている理性と感情の二分法がいかに行き詰まっているかを読者のみなさんに感じていただきたくて企画しました。そして、不安に押しつぶされそうになっているあなたに向かって書きました。不安を感じることは悪いことではありません。最先端の脳神経科学が証明しています。筆者は以前、次のように論じたことがあります。

不安とは、生物が進化の過程で獲得した生存の危機に対する警報装置だ。火災報知器は、万が一の火災に備えて、わずかな異変をも感知するよう設計されている。同じように、生物の警報装置も、リスクに対して過剰に反応するよう本能としてプログラムされている。野道の曲がりくねった小枝をヘビと間違えて飛び退けば、臆病者と笑い者になるかもしれないが、ヘビを小枝と早合点して咬まれて死ぬよりましだ。……目先の損得に目を奪われると、過剰な反応は非合理に見えるが、結果として、より確実な安全性を手に入れられる可能性がある。大げさに反応するということは、記憶に残りやすく、同じ過ちを犯さないよう学習できることを意味している。（拙著『復興ストレス』より）

地球上に生命が誕生したのは、いまから三八億年前のことです。たった一つの生命体から進化した地球上の生命は、いくたびかの大量絶滅の危機を乗り越えて、誕生以来、一度も途絶えたことがありません。不安は厄介な代物です。しかし、ピンチをチャンスに変えるしたたかで、たくましい生命の生き残り戦略として、人類は不安を感じるように進化したのです。不安を感じやすいということは、人より高性能の警報装置を持っていて、危険察知能力に優れているということです。不安を感じやすい人の方が傷つきやすい分、思いやりがあり、社交性があります。子育て上手でもあります。ですから、自分を責める必要はありません。いまのあなたが一番いい。

本書の刊行にあたっては、「現代社会と不安」という重いテーマに興味を持ち、イースト・プレスを紹介してくださった島薗進先生、編集を担当してくださった同社編集部の三浦由佳理さんに感謝します。

そしてなにより、率直な心情を吐露してくださった東京電力・福島第一原子力発電所事故の被災者、および被災地からの避難者の方々にお礼を申し上げます。原発事故以降、筆者の不安をめぐる思考は常に彼らと共にありました。事故から七年経っても六六％の福島県民が放射線に不安を感じ続けていることが、意識調査で示されています。「なぜ被災者の不安は消えないのか」をテーマに筆者は昨年三月、『復興ストレス――失われゆく被災の言葉』（彩流社）を上梓しました。本書は、その続編です。彼らの言葉がなければ、『復興ストレス』も、本書もできあがりませんでした。何万人もの方が、いまだに避難生活を送っています。廃炉作業の見通しも立っていません。原発事故は現在進行形です。不安をめぐる思考は、これからも彼らと共に続くことでしょう。

二〇一八年五月　　ハナミズキ咲く福島の地で

伊藤浩志

参考文献

第1章

伊藤浩志『復興ストレス――失われゆく被災の言葉』彩流社、二〇一七年

遠藤利彦『「情の理」論 情動の合理性をめぐる心理学的考究』東京大学出版会、二〇一三年

カンデル、エリック・Rほか『カンデル神経科学』金澤一郎・宮下保司日本語版監修、メディカル・サイエンス・インターナショナル、二〇一四年

日本比較内分泌学会『からだの中からストレスをみる』学会出版センター、二〇〇〇年

ダマシオ、アントニオ・R『デカルトの誤り 情動、理性、人間の脳』田中三彦訳、ちくま学芸文庫、二〇一〇年

ルドゥー、ジョセフ『エモーショナル・ブレイン 情動の脳科学』松本元・川村光毅ほか訳、東京大学出版会、二〇〇三年

第2章

ウィルキンソン、リチャード・G『格差社会の衝撃――不健康な格差社会を健康にする法』池本幸生・片岡洋子・末原睦美訳、書籍工房早山、二〇〇九年

バーカー、デイヴィッド『胎内で成人病は始まっている 母親の正しい食生活が子どもを未来の病気から守る』福岡秀興監修、藤井留美訳、ソニー・マガジンズ、二〇〇五年

第3章

Eisenberger NI (2015) Social pain and the brain: controversies, questions, and where to go from here. Annu Rev Psychol, 66: 601-629

亀田達也『モラルの起源――実験社会学からの問い』岩波新書、二〇一七年

ドゥ・ヴァール、フランス『共感の時代へ　動物行動学が教えてくれること』柴田裕之訳、紀伊國屋書店、二〇一〇年

第4～6章

ハンナ・アーレント『イェルサレムのアイヒマン――悪の陳腐さについての報告』大久保和郎訳、みすず書房、一九六九年
エーリッヒ・フロム『自由からの逃走』日高六郎訳、東京創元社、一九五一年
福島民報社編集局『福島と原発3　原発事故関連死』早稲田大学出版部、二〇一五年
マルティン・ハイデガー『存在と時間（二）』熊野純彦訳、岩波文庫、二〇一三年
オルダス・ハクスリー『すばらしい新世界』黒原敏行訳、光文社古典新訳文庫、二〇一三年
伊藤浩志『復興ストレス――失われゆく被災の言葉』彩流社、二〇一七年
セーレン・キルケゴール『不安の概念』桝田啓三郎編『世界の名著40　キルケゴール』中央公論社、一九六六年
小林敏明『憂鬱なる漱石』せりか書房、二〇一六年
熊倉伸宏『神経症の臨床病理』新興医学出版社、二〇一五年
教皇フランシスコ『回勅ラウダート・シ――ともに暮らす家を大切に』瀬本正之・吉川まみ訳、カトリック中央協議会、二〇一六年
三好典彦『漱石の病と『夢十夜』』創風社出版、二〇〇九年
中川保雄『放射線被曝の歴史』技術と人間、一九九一年
同　『増補 放射線被曝の歴史――アメリカ原爆開発から福島原発事故まで』明石書店、二〇一一年
長瀧重信『原子力災害に学ぶ放射線の健康影響とその対策』丸善出版、二〇一二年
同　「放射線の健康影響に関する科学者の合意と助言（2）～今こそ、日本の科学者の総力の結集へ～」首相官邸ホームページ原子力災害専門家グループ、二〇一五年二月三日（https://www.kantei.go.jp/saigai/senmonka.html 二〇一八年四月二八日、参照）

ホセ・オルテガ・イ・ガセット『大衆の反逆』寺田和夫訳、中央公論新社、二〇〇二年
ジョージ・オーウェル『一九八四年』高橋和久訳、早川書房、二〇〇九年
島薗進『つくられた放射線「安全」論――科学が道を踏みはずすとき』河出書房新社、二〇一三年
同「3．11後の放射線被曝と「精神的影響」の複雑性」『学術の動向』第一九巻二号、二〇一四年
同「放射線被曝に関わる「精神的影響」評価と科学者の立場性」『精神医療』第八四号、特集：「国家意志とメンタルヘルス」、批評社、二〇一六年
同「原発事故の精神的影響と放射線の健康影響――「過剰な放射線健康不安」を強調する見方の偏り」『学術の動向』第二二巻四号、二〇一七年
同「被災者の被るストレスと「放射線健康不安」」『環境と公害』第四七巻一号、岩波書店、二〇一七年
成元哲『終わらない被災の時間――原発事故が福島県中通りの親子に与える影響』石風社、二〇一五年
辻内琢也「原発事故がもたらした精神的被害――構造的暴力による社会的虐待」『科学』第八六巻三号、岩波書店、二〇一六年
同「大規模調査からみる自主避難者の特徴――「過剰な不安」ではなく「正当な心配」である」戸田典樹編『福島原発事故　漂流する自主避難者たち』明石書店、二〇一六年
同「原発災害が被災住民にもたらした精神的影響」『学術の動向』第二二巻四号、二〇一七年

「不安《ふあん》」は悪《わる》いことじゃない

脳科学《のうかがく》と人文学《じんぶんがく》が教《おし》える「こころの処方箋《しょほうせん》」

2018年6月25日　初版第1刷発行

著　者　伊藤浩志《いとうひろし》、島薗 進《しまぞのすすむ》

発行人　永田和泉

発行所　株式会社 イースト・プレス
〒101-0051
東京都千代田区神田神保町2−4−7久月神田ビル
電話 03-5213-4700
FAX 03-5213-4701
http://www.eastpress.co.jp

ブックデザイン　福田和雄（FUKUDA DESIGN）

DTP　松井和彌

編　集　三浦由佳理

印刷所　中央精版印刷株式会社

ISBN 978-4-7816-1679-7